0と1

宇宙で
最もシンプルで
最もパワフルな
法則

88次元 Fa-A
ドクタードルフィン
松久正

青林堂

はじめに

今の地球人は、自分の内なるものではなく、外からの情報と統制で生かされています。このことが、社会が停滞化している一番の原因だと、私は思っています。

世の中を見渡せば、ほとんどの人がマスクを着け、不安と恐怖に怯えているような、そして、怒りを溜め込み、不満を言う人ばかり。こんな人たちが大多数を占めていて、その意識エネルギーが世の中にはびこっているために、自分で自由に生きることをみんなが失くしてしまっている。これが外から生かされている、ということです。

言葉としては良くはないかもしれませんが、あえて言うなら、奴隷化された社会に地球全体がなってしまっている。この状況について、私ドクタードルフィンは黙っていられなくなったのです。この状況を打破するには、人類の意識を変え、目醒めさせていかなければならない。そのために、私は医師としての診療をはじめ、各地での講演会、オンラインサロンやスクール、そしてリトリートツアーなど、日々さまざまな活動に取り組んでいます。

宇宙レベルの存在としての私は、人類を超越した高次元エネルギーで生きているため、書籍を出版するにあたっては、情報を出す側の私と受け取る側の読者との間に意識レベルに大きな差があると認識しています。多くの人が、私の出している情報を受け取り切れないことは、本当に悲しいことだと感じています。

そこで、みなさんの意識のあり方や生き方、人生や身体を創り上げるということを、もっとわかりやすい形で伝えることはできないか、理論やシステムで伝えられないだろうか、と最近考えるようになったのです。

それゆえに、本書では、これまで出版された本とは趣を変え、意識というものが、いかに自分と自分の人生を作り上げるのか、ということをテーマとして、私の超越したエネルギーによる情報を、今まで地球上で紹介されてきた人生啓発本や成功哲学、量子力学の書物のような形で紹介できたなら……と考えています。

本書を読み進めるうちに、「なんだ、このデタラメな本は！」「こんなことはありえない！」と思う人が相当数いるかもしれません。最近はとかく、エビデンス（証拠データ）が重要視される社会風潮になってしまっていますが、私がいつも言っているように、エビデンスというものは10年もすればひっくり返ってしまうものです。何が真実か、などということは、何も証明されていませんし、生命を終えて死ぬ一歩手前になっても、そのまま何もわからないまま死んでいくかもしれません。

大事なことは、真実か否かということを追求することではなく、本書がみなさんにとって、役に立つものであるかどうか、ということだと考えています。

私がぶっ飛んだことを伝えている、と思っている人もいることでしょう。しかし、これまで地球上に存在している既存の知識や情報は、さほど人類の進化や成長には役に立ちません。

この『0と1』という本は、タイトルは非常にシンプルなものですが、その内容の奥深さは、これまで出版されたどの本よりも深いものになると思います。エビデンスやデータを重視する傾向にある人にとっては、失望させてしまうものになっているのかもしれませんが、エビデンス自体には、たいして人類を変える力を持ってはいないのです。

本書の中の情報は、今の地球人の誰も繋がっていない、私だけが繋がっている超高次元のレベルからの叡智、世間ではアカシックレコードと呼ばれている、全宇宙のすべての知識と情報、そして、あらゆる時空間に関するもの、となります。これは、世の中に出されている、どんなエビデンスやデータよりも人類にとって必要なものである、と私は確信しています。

地球上の有史以来、さまざまな技術革新によって、人類は複雑化し過ぎたのです。技術革新は生活を便利なものに変え、日々の暮らしを豊かにすることには貢献してきましたが、こうした豊かさは、所詮、三次元レベルのことに過ぎません。

人類は今、目に見えるものから、目に見えないものを扱う時代へと変革していきます。目に見えないものは、当初は複雑化しながらも、さらに次元が上がっていくと、逆に、シンプル化していきます。みなさんは、複雑化すれば良い物だ、と今まで思い込まされてきたわけですが、それは所詮、今までの三次元、低次元の世界におけるものであって、これからの人類の次元は、まったく違ったものになります。

そうした時、シンプルなものでしか、人類を変えるくらいの高次元の情報にはなりません。これは、大事なことです。「0と1」という、このシンプルなものの中にこそ、みなさんの想像を絶するような深い情報が存在します。あなたがこの本を読み終わった時には、まさに、あなたはあなたでなくなっていることでしょう。

「0と1」で、すべてを物語ることができます。理論と言い切ってしまうことは、私はあまり好きではありませんが、これは高次元理論。決して、脳では把握できない、目に見えない意識エネルギーが絡み合ってできる理論を、今回、この本ではお伝えします。

この本が、みなさまのお役に立つことを心より願っています。

88次元 Fa－A
ドクタードルフィン　松久正

《目次》

第1章

『0と1の法則』とは

人類意識の「0」と「1」

地球には、数という概念とその数を表す文字の数字があり、私たちの生活に重要な役割を果たしています。私たちが数を数える際に用いる1、2、3、4……10、20、30……は、10進法ですが、この他にも時間の単位を表す12進法や60進法、そして、コンピューター言語などに用いられている2進法など、数々のN進法があります。

2進法とは、0と1によって表されますが、0、1、10、11、100、101……と「0」と「1」のみで表される方式で、コンピューターでは、この「0」と「1」によって、文字や画像を自在に表現することができるようになっています。

人類の意識作用にも「0」と「1」というものがあり、本書では、この人の意識の「0」と「1」について、お伝えしたいと考えています。

人は、人生の中で、様々な選択を迫られます。ライフイベントである進学や就職、結婚という大きな分岐点だけでなく、日々の生活の中でも、毎日、選択を繰り返し、その積み重ねによって、人生というものが決まってきます。

つまり、どの選択をするのかによって、人生は大きく変わります。自分の選択、すべては、自分の意志……自分の意識というものが、自分の人生を、そして、自分自身を作っているのです。中には、「別に自分で決めたわけじゃない。知らないうちに、こんな人生になっていた」「私の人生は、こんなはずじゃなかった」と思っている人もいるかもしれません。しかし、それを選んだのも、実はあなた自身なのです。

いいえ、厳密に言えば、「選ばされてしまった」という方が、いいのかもしれません。

では、人はなぜ、自分が望まない選択をさせられているのでしょうか？　自分が心から願い、その望みを叶えて、幸せな人生を送るためにはどうしたらよいのでしょうか？　それを今から、みなさんに、私ドクタードルフィンがお伝えしていきます。

人は、コンピューターのように、意識の領域というものを持っています。この領域は、「０」と「１」によって構成されていますが、人が自分の望むままの人生を実現させていくためには、この領域をできるだけ「０」にしていくことが大切です。

ただ、これは人生において、「0」と「1」のどちらかを選んでいく、という単純なことではありません。そこには、もっと深い理論があるのです。私がこれを、『0と1の法則』、と呼んでいます。

「1」ばかりの冴えない人生を送るのか、それとも「0」を増やして、より次元の高い自分へと変わっていくのか……それを選ぶのも、あなた次第。あなたの意識が決めるものです。

「0」とは、最も大きく、そして強い数である

みなさんは「0」と「1」のうち、この「0」とは何か、と聞かれたら、どのように答えますか。ほとんどの人は、「数の中で一番小さなもの」「何もない無」と答えるのではないでしょうか。

私ドクタードルフィンの高次元の視点から言うと、あらゆる数の中で、「0」が最も大きな数です。これを聞いて、ほとんどの人は、「そんなはずはない」と思うこと

でしょう。

0から1、2、3、……、10までの数字があるとして、例えば、「どれが一番大きな数字ですか？」と質問をすると、大抵の人は、「10」と答えます。さらに、「どれが一番力強い数字ですか？」と、そして、少し言い回しを変えて、「どれが最も可能性を持つ数字ですか？」と尋ねられると、どちらも、「10」と答える人が多いのではないかと思います。これは、多ければ多いほど良いという、みなさんの意識の表れです。多ければ多いほど便利になるし、豊かになるし、いろんな可能性も生まれる、より安心、と思うのです。お金も0円、1円より10円、１００円より1万円、10万円の方がいい。しかし、これは、今の地球人の大部分の人たちが持っている固定観念に過ぎません。これまで学校の算数や数学の授業や社会の中で、子どもの頃からそのように教え込まれてきただけなのです。

しかし、私は本書で、こうした固定観念をすべて打ち破っていこうと考えています。なぜなら、これまでの観念を持ったままでは、本書でみなさんに伝えようとしている高次元の宇宙の本質がまったく理解できない、と思うからです。高次元の世界では、0から10の中で一番大きい数は、「0」、一番力強いのは、「0」であり、最も可能性を持つものは、「0」であるということです。この概念が、すごく大事だと言えます。高次元の宇宙で、「0」とは未だ何も決定していない、選択されていない状態、を言います。

私たちが今存在している地球をはじめ、宇宙に存在するすべての物質……人も動物も、空気も、すべては、粒子と波からできています。これを証明したのが、量子力学ではテキストの一番はじめに出てくるほど有名な『二重スリットの実験』で、粒子と波動の二重性を典型的に表す実験として知られています。

複数のスリット（切れ目）を入れた板に、ある距離から光を当てると、スリットの向こうにあるスクリーンには、光の濃淡の様子が、波のような陰影になって映し出されます。

この実験の面白いところは、特定のスリットを通過している光を観察しようとすると、この波のような陰影が消え、複数のスリットとして、光がスクリーンに映し出される、というところにあります。光が特定のスリットを通過している、と強く意識することで、波だと思っていたものが粒子（光子）に変わるのです。

この実験によってわかるのは、光子を含めた、すべての物質の本質は、元々は目に見えない波だということです。

さらには、二次元の平面で見ると波にしか見えないかもしれませんが、三次元では螺旋《らせん》。そして、それを物だと思った瞬間に粒子に変わります。

宇宙にあるものは、すべてが波、すなわち、動き、……常に動いて、同時に粒子として存在する。つまりは、粒子は、波の中で、どこにでもあるということです。これを人間にあてはめると、あなたもどこにでもいる。それが、意識を投げかけたときに人間として固定化され、そこに存在することになる。

このように、波としてどこにでもある状態が「０」で、それは、エネルギーとして存在はしているものの、まだ物としての存在はありません。しかし、意識を投げかけたその瞬間、それが、突如、空間に物として実在することになる、その状態が「１」ということです。これが、私がお話しする『０と１の法則』のベースの考え方になります。

自分宇宙の中では、個人意識と集合意識が混在している

しかし、これはあくまでもベースの考え方です。この概念からすると、自分の前には自分が意識したもののみしか実在しない、ということになってしまいます。ところが実際には、今、私の目の前にはビルがあり、交差点には信号機がある。そして、見知らぬ人々が道を行き交い、道端に草が生え、そこには虫もいる。これらはもちろん、私の意識によって具現化され、そこに存在している物ではありません。それでは、なぜ、この宇宙の中で何も意識していないものが、そこに存在するのでしょうか。

それは意識というものには、自分の個人意識と自分以外の大多数の集合意識の二種類があるということに起因しているからです。そして、この集合意識というのものが、自分が意識していない物を実在化させている要因となっています。自分宇宙（自分が存在する世界）の中では、自分の個人意識で創り出したものと、大人数の

人々の集合意識が創り上げたものが、混在している状態となっているのです。

それはどういうことか、例を挙げてみると……。

私の診療所は鎌倉にありますが、この診療所はビルの四階で、来院される患者さんから、「場所がわかりにくい」という声をときどき聞きました。そこで、診療時間中には、ビルの前に立体のイルカ看板を置くことにしたのです。「診療所は4階」と書いてある看板を置き始めたのは、今から14年ほど前のことですが、当時は、鎌倉を訪れる観光客から「かわいい！」と注目を集め、看板を撫でる人もいれば、看板をバックに写真を撮るカップルもいて、ちょっとした鎌倉の観光スポットのようになっていました。それが14年経った今では、誰も見向きもしない。ほとんどの観光客は、気にも留めませんし、写真を撮る人も、一年のうちで数回あるかないか、となりました。街の風景の一部として、そこにあるだけのもの、なのです。

これはどういうことか。今も14年前も、「看板がある」という状況には変わりありません。鎌倉を訪れる観光客は、リピーターもいますが、初めて鎌倉に来る人も多いはずなので、その看板は、ほとんどの人にとって、「初めて見るもの」なのに、どうしてこのような差が出るのか、ということは面白いことです。

私は、「集合意識」ということを、講演会などでもよく取り上げていますが、「集合意識」という観点から、これを理解すると、その謎は解けます。

今まで何もなかったところに、突然、看板というものが登場した。この時「0」であった空間のエネルギーの中に、新たな「1」が入ったことになります。この新たな「1」は、時空間に歪みを生じさせるため、この「1」はとても目立つことになります。そうすると、私以外の何億人、何十億人、鎌倉に来る人に限定すると、何百万人ということになりますが、この「集合意識」においては、「これは目新しいものだ」と映るわけです。時間が経つと、看板のある風景は、「集合意識」の中に入り込んで、「これはあって当たり前のもの」と捉えられるようになります。すると、そこに人々の意識が向かなくなる。ただ、これは、新たに意識が向かなくなっただけで、集合意識としては、「そこにあるもの」と認識しているため、自分が意識する、意識しないに関わらず、集合意識が捉えている「1」が存在する、ということになります。このように、ビルがそこにあり、交差点があり、草があり、人や虫がいるという状態が作り出されているのです。

自分宇宙の中には、自分の個人意識だけでなく、集合意識が入ってきているため、集合意識が個人の意識に作用して、自分の人生に影響を及ぼします。そのため、個人の自分意識と自分以外の集合意識というものを分けて考えていかないといけません。

自分の行動については、常に自分が考えて行うことで、新しい「1」を生み出していきますが、個人が意識をしていないのにも関わらず、自分の周りに存在する物は、集合意識が生み出したものであることを認識しておく必要があります。

「集合（ノンセルフ）意識」と「自分（セルフ）意識」

私は、「自分が体験するものは、自分自身の意識が選択したもの」と、よくお話ししていますが、こう言うと、「私は、新型コロナウィルスが蔓延していることを望んでいないし、ロシアによるウクライナ侵攻のような世界紛争や戦争を望んではいない。どうして、自分が望んでいないものを選択し、そんな世界を体験しているのか」と、疑問を抱く人もいることでしょう。

このことも、集合意識が関係して、不安と恐怖が強い集合意識、争いをする集合意識というものが、こうした体験をも創造してしまっているのです。集合意識というのは、自分の個人意識で創り出したものではなく、大人数の人々が創り上げたものであり、自分がそこにコンタクトしているだけ、ただ受け入れているだけのことです。

しかし、こうしたあまり好ましくない集合意識を受け入れることにも、重要な意義があります。

本来、人の脳というものは、生まれた時から、親や兄弟姉妹をはじめとした家族、学校や社会で教わってきた常識と固定観念で占領されています。人は、こうして周りから教えられた情報というフィルターを通しただけのものを、自分の思考であるように思い込んでいて、「戦争はダメだ」とか、「ウィルスがダメだ」と言っているに過ぎません。しかし、ほとんどの人は、このことに気づいてはいません。こうした意識を、私は、「集合（ノンセルフ）意識」と、呼んでいます。

「集合（ノンセルフ）意識」とは他人意識のこと。それに対して、「自分（セルフ）意識」は自己意識のことで、この二つが自分の人生を構成し、『0と1の法則』を作っているファクターとなっています。

「脳」が、「ウィルスの社会は嫌いだ。戦争はダメ、戦争の社会は嫌いだ」と言っても、そのウィルスを創り出している集合意識、戦争を創り出している集合意識を「自分（セルフ）意識」が受け入れているのは、「自分（セルフ）意識」が、それを体験することで、自分を進化・成長させることを知っているからです。嫌だと思うことでも体験することで、気づいたり、悩んだりしながら自分が進化できることがわかっているからなのです。だから、今のこの世界も、みなさんの意識が選んだものので、人は自分が選択したものしか体験しない、ということになるわけです。

そして、この「集合（ノンセルフ）意識」は、同調圧力でもあるのです。だから、集合意識を変化させること、集合意識から脱出することは、重要なことで、それが自分の人生を変えることに繋がります。これが、『0と1の法則』の大きな捉え方です。

この『0と1の法則』本では、いかに自分の人生を良くしていくか、について、人生の秘法とも言える大事なテクニックをみなさんにお伝えしたいと考えています。集合意識の扱い方を知っているか、知らないか、または、自分の味方につけるか、つけないか、さらには、集合意識を飛び越えるか、飛び越えないか、で、人生は大きく変わってきます。そのために「0」と「1」という概念を理解し、大いに役立てて欲しいのです。

第2章

自分の人生は、自分（セルフ）意識によって、自分自身が創り上げるもの

自分の意識エネルギーをあげれば集合（ノンセルフ）意識も変わる

集合意識で作り上げられたものは、この社会にたくさんあります。その中で、いかに自分の人生を良くしていくのか。『0と1の法則』というのは、生きていくための大事な原理なのです。集合意識との向き合い方を知っているかどうか、集合意識を自分の味方につけることができるかどうか、集合意識から脱出できるかどうか、そして、この『0と1の法則』をいかに人生に役立てていくかによって、人生は大きく変わります。

多くの人が勘違いし、間違ってやってしまっていることは、自分を変えようとせず、集合意識だけを変えようとしていることです。今の社会が変わらないのは、これが原因です。集合意識というのは、自分意識で創り上げるものではありません。先ほども述べたように、ただ、大多数の人々によって創り上げられたものです。それを、自分の意識で変えようと思っても、変えられるはずもありません。

それでは、集合意識の悪い影響を受けないようになるためには、どうすればいいのでしょうか。

宇宙には、同時に無数のパラレル世界が存在しています。私たちはその中から、ある時点で、ある理由で、ある一つの集合意識を選択し、そこに存在しています。ですから、自分意識が選択する集合意識を変えればいいだけのことです。

選択する集合意識を変えるために必要なのは、自分意識の状態、意識エネルギーを高めることで、意識エネルギーが高くなれば、自分がコンタクトできるパラレル世界、そして、そこにある集合意識が変わり、そこで選択し直すことが可能となります。そうすると、一気に生きる社会が変わります。まずは、このことを知っておかなければなりません。決して、同じパラレルにある世界の社会を変えることなどできはしないのです。

しかし、一人では難しくても、みんなが力を合わせれば、社会を変えることはできるのでないか、みなさんは考えることでしょう。よく、選挙の演説などで、「一人では何もできなくても、みんなが力を合わせれば社会は変わる。みんなが結束をして、国や社会にアピールしていこう」といった内容を耳にすることはありますが、あれは間違いです。

いくら、人が大勢集まったとしても、その人々の意識エネルギーが低ければ、集合意識を変えることは決してできません。変えるためには、自分意識のエネルギーを高めて、異なるパラレル世界にある集合意識にコンタクトし、そして、選択をし直すことでしか、集合意識を変える手段はありません。

飛び抜けた幸福と成功

今、自分が存在している世界の集合意識から飛び出すためには、自分意識を高めることが、とても重要になってきます。

意識には、本当の自分である「自分（セルフ）意識」と、本来は自分のものではない「集合（ノンセルフ）意識」というものがあります。「自分（セルフ）意識」は、true self（本当の自己）であり、「集合（ノンセルフ）意識」は false self（偽物の自己）を生み出します。この false self が多く集まったものが、集合意識なのです。

自分の人生を上手く創り出していくために必要なことは、true selfとして生きること、そして、false selfに振り回されないこと。この二つの能力が備わっていないと、集合意識からなかなか飛び抜けることができません。

本書は、人より少しだけ良い幸福や成功を求めるものではなく、飛び抜けた幸福と成功を求める人間に授けるギフトと言えます。これこそが、宇宙の大真理。ほとんどの人が知らない大真理を、私はここで語っているわけです。

生まれながらにして不安定な人間

人は、自分という「1」の存在で、あらゆる可能性を秘めた「0」から生み出された唯一無二の存在と言えます。

今の世の中、人は自分のことを嫌ったり、自分のことを嘆いたり、悲しんだり……そういう人がとても多いと、私は感じています。それは、完璧な存在になろうとしたり、愛に値する存在になろうとするため、理想と現実のギャップに苦しむからです。

しかし、高次元の存在である私ドクタードルフィンに言わせると、人は「1」の存在になった時点で、完全なものではなくなるし、人として生まれた段階で、不安定な存在になるのです。「0」＝完全・安定、「1」＝不完全・不安定であることを知らなければなりません。

私はよく、「ゼロポイント」という言葉を用いますが、この「ゼロポイント」とは、魂が誕生するポイントのことで、ここではまだ、生命として存在していません。この場所から、身体は持たずとも、宇宙的に魂エネルギーとして一歩でも外に出た段階で、生命として、「1」となるのです。こうして螺旋《らせん》の魂エネルギーとして存在する「1」もあれば、私たちのように、人としての身体を持つ「1」もあります。こうしたすべての「1」は、「ゼロポイント」から遠ざかるにつれて、どんどん、新たな「1」を創っていきます。

そして、次々に、パラレル世界を選択し続けることになります。

まずは、「ゼロポイント」から出るか出ないか。そして、行き先を選択していく。

私たちは、天の川銀河を選び、その中の太陽系に来ることを選び、その惑星の地球を選んでやってきたわけです。そして、身体を持つという選択をし、次に、どんな人生と身体になるのかのシナリオを選んで、今ここにいるわけです。

true selfでの思考が現実を変える

こうして選択を重ねていくと、どんどん、「1」が強化されていきます。究極的な「1」である地球人として生まれてくると、さらに、選択を迫られます。どこの学校に行くか、どういう職業に就くか、誰と結婚するか……しかし、こうして選択をすればするほど「1」が強まり、完璧な状態から遠ざかってしまいます。「0」では自由だったものが「1」が強化されていくことで、自由度も下がるからです。

だから、何かを選択すると、可能になるものはあるものの、同時に多くのものが不可能になってしまう、つまり「無理だから」と諦めなければならないことが当然出てくるのです。ここで大切なことは、私たちは、常に「0」から「1」を創り出していて、自分の望みを叶えるようとしている、ということです。

ナポレオン・ヒルの著書『思考は現実化する』という本を、私は中学時代に読みましたが、こうした考え方や『引き寄せの法則』の影響で、「自分が良いものを出せば、良い知識を持てば、良い思考をすれば、良い行動をすれば良いものがやってくる」ものだと考えている人は、多いと思いますが、これは、必ずしも上手く行くわけではありません。

それはなぜか。true selfで思考しているか、false selfで思考しているかによって、同じような行動に見えても、そこには大きな差が生まれるからです。ここで、私は断言します。false selfで思考していることは、100%実現しません。

ここで考えている「良いもの」「良い知識」「良い行動」というものが、本来の自分意識であるtrue selfが求めていることであれば、このtrue selfが考える「良いもの」「良い知識」「良い行動」によって、良い方向へと向かうことになります。そうではなく、これまでの常識や固定観念で「良いもの」「良い知識」「良い行動」と思わされているもの、つまりfalse selfで思考したもの、本当の自分ではない偽物の自分が思考したものは、本来の自分が求めているものではないため、実現することができません。だから、上手く行かない。

宇宙の真理では、true selfが決めたこと、思考したことは、必ず実現します。ただし、地球という時空間がある場所では、重力もあり、エネルギーが重くなってしまっています。そのため、高次元の宇宙でtrue selfが思考したものは、すぐに実現できるのですが、地球上では、実現までに時間がかかってしまいます。だからと言って、途中で諦める必要はありません。true selfが望んだこと、選択したことは、その思考と望みを持ち続けることで、必ず上手く行くようになります。意識次元の高い人ほど早く実現しますが、意識次元の低い人は、かなりの時間がかかってしまうこともあります。しかし、誰もが、必ず実現できるはずです。

人はみな、常に、あらゆる場面で選択を求められます。

その選択の際に、true selfによって、あなたが本当に良い選択をすれば、選択した通りになり、自分が望む「1」を創り出すことができるのです。ところが、false selfによって選択したことは、「1」を創れません。それは、本来が宇宙の大元から望むものではないからです。true self の意識を発動させて、「0」から「1」を創り出す。これが大事なことです。

しかし、true self によって選択したことでも、時には幸せではない体験を強いられることもあります。

たいていは、自分にとって幸せで、良い方向へと進むものですが、宇宙の大元の采配により、敢えて失敗させて、わざと上手く行かない環境にさせるということがあります。これは、宇宙の大元が、もう少し上手く行かない自分を体験して、気づいたり、学んだりした方がいい、そうすることで、自分を進化・成長させる必要があると考えたため。true self が、上手く行かない自分、失敗する自分という「1」を創る、ということです。このことを知っておくと、もし、失敗することがあっても、「これは、失敗することが、自分にとって、進化・成長するためには必要なことなのだ」と、受け止められ、楽になるのです。

固定観念がネガティブな「0.A」を創り出す

何か選択する時、自分の意識によって「1」を創り出しますが、この際、これまで生きてきた中で教えられてきた固定観念が、強く影響してきます。

「自分はお金というものに縁がない」「自分には能力がない」「自分はいい仕事に就けない」「自分は幸せになれない」「自分は家庭を持てない」など、こういう考えを常に持っている人は、意外に多いのですが、これは、脳に埋め込まれた固定観念からの情報がフィルターを通して出てきただけもので、自分の本来の意志ではありません。しかし、これがずっと、自分の宇宙にばら撒かれたような状態で存在していて、これは「1」ではなく、「0」から「1」の間にある「0.A」（Aには、あらゆる数が入る）のような中途半端なところで固定化しています。

これがあると、思考を創造する、実現するという「1」に持っていきづらくなります。例えば、「自分はお金というものに縁がない」という意識を持っているとして、この人が、「お金持ちになるんだ」と望んで、実現しようとすると、「0」からではなく、その途中にある「0.A」のところから意識を「1」に持ってこなければならない。そうすると、とても難しい。「0」から「1」はシンプルですが、この「0.A」から「1」はとても複雑で不安定なのです。

「どうしても色々と考え過ぎてしまって、それが悪い方向に進んでいる気がする、いつもネガティブに考えてしまう」と思っている人は、この固定観念によって、自分は無理だろう、と集合意識で思わされています。そのため、すでに、「0」の状態から出て、不安定な状態で「0.A」を創り出している状態になっているからです。この不安定な状態にあるものを、ポジティブな「1」の方向へと向けていくことは難しいだけでなく、この状態が続くと、やがて、それが当たり前になって、ネガティブな「0.A」が固定化してしまいます。意識の中にあるものが、現実化してしまうということですから、ネガティブな「0.A」をたくさん持っていると、もがく、辛い人生ばかりを体験することにもなりかねません。

人が脳で考えることは、その集合意識の中で生み出されたものを引き出して、あれこれだと繋ぎ合わせているだけのことで、これは false self で思考したもの、本当の自分ではない偽物の自分が思考したものです。集合意識から切り離れた、本来の自分である true self, が選択する場合は、魂の大元から松果体に降りてくるものなので、もがくことはありません。直感で決める、ということは、「大事なことなのです。

こうした直感は、その時はそれが直感であることに気づかないことが多く、あとで振り返ると、「直感だったのかな」とわかるものです。スピリチュアルなどで言う、直感で繋がるために脳を使う、というのは、本当の直感とは言えません。本当の直感は、ある時、脳を使わずに、急にやって来るものです。

こう言うと、「脳で考えたことがダメなら、今望んでいることが、自分の本当の望みなのか、わからないじゃないですか」と、聞いて来る人がいますが、それを見分けるコツとして、その望んでいることが、自分にとって、楽で愉しいことなのか、を頭に思い浮かべればいいのです。脳で考えていることは、99・９％以上の確率で、楽だけど愉しくない、愉しいけど楽ではない、あるいは楽でも愉しくもない、のいずれかです。それは、世間体を気にしたり、固定観念で「こうだから」と考えたり、社会の集合意識によるものだから、楽でも愉しくもないわけです。これは、false self です。

本当の直感で思いつくもの、脳を通さずに松果体で想定し、思考するものは、楽で愉しいものなのです。それが true self の望みであり、これは必ず実現します。

色々と考え過ぎて、良い方向へと向かえなくなってしまったのなら、一度、頭をリセットする。まずは、すべてを「0」にする、リセットすることが大切です。「A0.」から、いくら繰り返してトライしても、なかなか上手く行きません。「0」↓「1」、そして「1」↓「0」の思考訓練が大事なのです。

第3章

「0」には、無限の可能性と無限の自分が存在する

宇宙には、無数のパラレル宇宙が存在する

いつも、私がみなさんにお伝えしていることですが、今ここの、あなたが体験している自分というものがあり、ほとんどは、今ここで体験している自分がすべてだ、と思い込んでいる人が多いのではないでしょうか。

これは「1」しか知らず、今、自分が選んだ「1」だけを生きているということです。心の中で、ただ同じ「1」だけを持ち続けているという状態ですから、変化することができない。よほどラッキな出来事でも起きない限り、自分の人生は変わらない……と、思わされているだけなのです。

この状況を変えるためには、まずは、「0」に行って、今とは異なる「1」を作り出す必要があります。『0と1の法則』においては、今いる「1」から、違う「1」へと行くことはできません。「1」から「0」、そして、「0」から別の「1」へと行かなければなりません。

「0」には、無限の可能性があり、無限大の数の自分というものが存在します。こ

れを多次元パラレル自分宇宙という概念で捉えると、「０」にいる自分とは、松果体を通して、大元の宇宙、そして、無数の宇宙と繋がっている状態ということになります。松果体で繋がった無数の宇宙とは、無数のシャボン玉宇宙が浮かんでいるようなもので、その一つひとつのシャボン玉宇宙には、まったく違う自分がいるわけです。

これを、「宇宙人であるあなた、昆虫であるあなた、もしくは神であるあなたがいる」と言っていますが、１００万とか1億、1兆とか1京などよりずっと多い、無限数のパラレルの世界と繋がっています。「０」点にいるということは、無限、つまり数え切れない自分がそこにあるということ。「０」とは、数え切れない、もはや、数字では表すことができない世界なのです。

この無数のシャボン玉のような宇宙には、自分では思考することができないものもあり、そうしたものは手が届きにくい奥の方に存在し、自分が頭で思い浮かべることができる、思考できる自分は、けっこう近い、手の届くところにあるシャボン玉宇宙にいますが、その無限数の違う自分を選ぶためには、「０」に戻る必要があるのです。

「0」点、つまり「ゼロポイント」とは、異次元パラレル宇宙への出入り口のことであり、自分が変化するためには、今自分がいる「1」から「0」に戻り、他の宇宙を選び直して、新たな「1」を作り出すことでしか、自分を変えることはできません。中には、冴えない自分から、また同じように、冴えない自分を選ぶこともあるかもしれませんが、多次元パラレル自分宇宙の選択には掟というものがあり、自分の成長・進化に必要な自分を選択するようになっています。

選択するシャボン玉宇宙は、今現在のものだけではなく、100万年前の自分、1000年前の自分、1000年後の自分、というものもあり、空間のパラレルだけではなく時間のパラレルも存在しています。このすべてのシャボン玉宇宙の中に異なる自分がいて、それを無数の中から選ぶことができます。「0」とは、ありとあらゆる可能性であり、それを選んだ瞬間に「1」となります。

『0と1の法則』とは、多次元パラレル自分宇宙の概念にも当てはまっていて、多次元パラレル自分宇宙の原理というのは、実は『0と1の法則』でもあるのです。

超一流のバカになれ！

『０と１の法則』を最大限に活用するためには、超一流のバカになれ！　これは大事な秘訣です。

つまり、今まで考えていたものを全部捨てろ、ということです。自分が持っている思考、例えば、お金に対する思考、自分の人生に対する思考などを全部捨てない限り、「０」に戻ることはできないだけでなく、こうした思考を持ったままの状態では、先ほどお話しした「0.A」でもがく現実を生み出したままで、そこからは望むパラレル宇宙の自分に行くこともできません。

ここで、私ドクタードルフィンは、厳しいことをみなさんにお伝えします。それは、今の社会において、「いい人ね」「素晴らしい人ね」と認められている時点で、「０」に入ることはできないということです。「０」とは、集合意識とまったく接点を持たない領域なので、その「０」に存在し続けるには、常識や固定観念から飛び出すことが必要となります。

しかし、今の地球の生活を続けていると、「0」で存在し続けることは、難しいと言わざるを得ません。今の地球上の生活では、意識エネルギーを乱すものが強過ぎますし、今のほとんどの地球人は、テレビの内容に踊らされている時点でアウトです。テレビを観て一喜一憂したり、テレビに向かって文句を言ったりしているような人は、まずはテレビを観ることを止め、山の中に籠るとか、どこかでしばらくエネルギーをリフレッシュして、自分をニュートラルな状態にする必要があります。

今もなお、コロナ禍で、まだマスクを着けている人が街に溢れていますが、先日、私はSNSで、「マスクをつける者は幸せになれない」と発信しました。高次元宇宙の知識からすると、マスクを着けることは、決してウィルスを防げるわけでもありませんし、不健康になるだけです。同様に、ワクチン接種を受けることは、身体の健康状態を乱すことになります。当然、魂的にも意識のレベルは下がりますし、良いことは何もありません。集合意識によって導かれた行動というものが、自分のエネルギーを下げることにもなってしまいますし、「0」で存在し続けることも非常に困難になってしまいます。

マスクも、「自分が心地良いから着けたい」と思うから着けるのであれば問題はありませんが、ほとんどは、不安や恐怖でさせられているだけに過ぎません。心地良いから……と行うことはtrue selfと繋がりますが、そうでない場合はどんどんマイナスとなって、自分が望むことと逆方向へと向かっていっているだけなのです。

また、地球人は肩書を持ちたがりますが、肩書というものは、集合意識が創り出した社会の中の名称です。総理大臣、○○大臣、○○知事、市長、○○取締役、部長……、こうしたものは、それ自体が、自分以外による「1」。集合意識が創り出したものに自分の名前を乗せることになり、false selfが創り出した「1」による、もがく世界を体験することになります。

このように、今の地球人は、「0」になりにくい生き方をしている、と言わざるを得ません。true selfによって作り出す「1」は良い方向へと進みますが、false selfが作り出した「1」は自分が望まない方向へと人を進ませてしまいます。

これからの世の中で伸びる、羽ばたく存在となるのは、「あいつは何者!?」と周りの人から言われるような、他の人からは理解されないような人たちです。もちろん、大会社の社長や社会的地位の高い人、ノーベル賞を受賞した人など、世間一般的に「偉い人」というのは、決して悪いわけではありませんが、とても固まった集合意識のエネルギーが生み出したものなので、幸福であるように見えても、その世界だから抜け出すことができなくて、究極的な幸福には辿り着けません。できるだけニュートラルな状態にしておくことが、結果として良くなるものなのです。

社会の評価は集合意識が創り出したもの

今は、社会が人を評価する世の中です。ノーベル賞や芥川賞をはじめ、数々の賞がありますが、社会によって評価された人は、その時は幸せを感じても、意外に長く続かない。それは、その人の魂が、「自分は本当に幸せなんだろうか」と、思い始めてしまうからです。心からノーベル賞を獲りたい、と長い間努力をしてきて、それが、true self の望みだったらいいのですが、本当の自分は、もっと他のことを求めている人が多いのです。社会的には評価され、幸せそうに見えても、自分のtrue selfが満足しなければ、心から幸せを得ることはできません。

なぜなら、こうした社会の評価というものは、集合意識が創り出した「1」の中のものだからです。

「1」の集合意識は、自分たちにとって都合悪いものである場合、それを世間から抹殺させてしまう、という恐ろしい面も持っています。

「スタップ細胞」が物議を醸し出した一連の騒動がありました。研究者である小保《おぼ》方晴子《かたはるこ》さんは、この「スタップ細胞」の発表によって、注目を集め、一躍、「時の人」となり、「リケジョ」という言葉まで生まれました。私の見解としては、彼女はとても良い研究をしていて、ノーベル生理学賞を受賞した山中伸弥《やまなかしんや》京都大学教授より、その内容は優れたものであったと考えます。しかし、なんらかの勢力にとって、その「スタップ細胞」が世の中に出ることは不都合が生じるため、結果的に潰され、封印されてしまった、というのが真相です。

これは、闇が操る集合意識が宇宙を選択し、社会の状況を書き換えてしまったことによるものです。「スタップ細胞」は存在するのですが、集合意識によって、存在しないとされました。

この「スタップ細胞」の一連の流れの中で、私が彼女に対して思うことは、強力な集合意識に飲み込まれてしまったわけですが、彼女がもう少し高次元の力を持っていれば、世界を変えることができたのではないか、ということです。今の社会に対して、それだけの波紋を投げかけたのなら、たとえ周りとの軋轢《あつれき》が生じたとしても、やり続けることで、世界を変えられたかもしれません。

集団デモでは変わらない

今の社会の中で、ある個人やグループの創り出そうとする「1」は、集合意識にとっては、不都合で抹殺してしまいたい事実であることは多いものです。例えば、私がみなさんに、著書やスクール、講演会などでお伝えすると、「そんなことはあり得ない」と、世論が潰しにかかるということはあります。これは、集合意識にとって、私が創り出す「1」が、存在して欲しくないものだからです。しかし、繰り返しやり続けることで、私が新たに創り出す「1」が集合意識を変えていきます。このように、進化する集合意識を一緒に体験し、共鳴していくことが大切です。

『0と1の法則』では、自分の意識によって、自分の人生を創り上げる、自分の人生を変えていくことができます。しかし、意識エネルギーが低い人は、たいして人生を変えることはできません。そういう人は、集合意識に飲み込まれてしまうからです。

「世の中を変えられない」「幸せになれない」と思うのなら、意識レベルの高い人に共鳴していくことが必要です。そのためには、その意識レベルの高い人が喜んで感動していることを、同じように自分も体験し、自分も喜んで感動することです。このポジティブな共鳴はとても大事なことです。

意識レベルを共鳴させるには、その人が喜んで感動することを、自分も一緒になって、喜んで感動すれば良い、これが一番です。

間違ってもしてはいけないことは、自分は何も変わらずに相手を変えようとすることです。例えば、国会議事堂や国連本部前で、集団になってデモ行進をしている人々などは、プラカードなどを掲げて、「変えなくてはいけない」と主張していますが、意識レベルの低い、低次元にいる人たちが1万人、10万人集まったとしても何も変えることはできません。集まるから、余計にダメな方向へと進むだけで、世界を変えることは絶対にできません。集団ではなく、個人で行動するべきです。

変えたい何か、変えたい社会というものがあるのなら、それを変える力を持っている人を見つけて、寄り添いながら、喜びと感動を共有し、強力な「1」を、自分の中で創るのです。そのように、私のような飛び抜けた意識エネルギーに共鳴すれば、一緒に高い次元の世の中に移行することができます。

本当にあなたが望んでいることをやっている人がいたら、その人について行きなさい。

その人の事を勉強して、意識エネルギーを共鳴させせなさい。

そして、最終的には、自分だけの「1」を創るのです。

ただし、人はポジティブなものにだけ共鳴するわけではなく、ネガティブなものに共鳴してしまうことがあります。この共鳴については、次の章で詳しく説明していきます。

第4章

意識共鳴

ポジティブ共鳴とネガティブ共鳴

宇宙の成り立ち

まずは、宇宙の成り立ちからの壮大な話をします。本来、宇宙とは、時間も空間もありませんし、何もないのが宇宙です。本来、宇宙自体には意識はなく、ある時までは、「1」ではありませんでした。

そんな時間も空間もないところに、ある時、ある地点で、何かのきっかけで、ある超素粒子（素粒子よりも小さい粒子）の動きが創り出されたのです。この時から、宇宙は時空間とともに、意識を持ちはじめ、その存在が「0」から「1」になったのです。まさに、突然、宇宙の時空間が誕生し、宇宙として存在することになりました。元々は意識も何もなかった超素粒子が動きとともに意識を持ち、ある時、あるきっかけで、宇宙は時間と空間を持つという設定をし、「0」から「1」になりました。これが、宇宙の意識から見た「0」から「1」への変化です。

この宇宙時空間の意識は、その中に、いろいろな惑星、そして、惑星による銀河を創ろうと決めて、惑星や銀河が生まれることになりますが、これはすべて、宇宙意識による選択がなされたことによるものです。この選択によって、宇宙が存在し始め、多くの惑星や銀河が創り出されましたが、これが、大宇宙の意識の「0」から「1」への変換です。

元々、宇宙の始まりには、「0」しかなかったのです。それは永遠に、そして無限にある「0」の中から、「0」が「1」になる選択をして、この大宇宙ができたということです。今のこの大宇宙は、元を辿れば、すべて「0」であったものを、それを全部、「1」に変えてきたのです。

やがて、人類が創られました。それも、宇宙の意識による「1」であり、そして、身体や人生が思い通りに行かないようにするという状態を創ったのも、同じ「1」なのです。

国というものを創ったのも「1」、戦争や争いを創ったのも「1」、生活を便利にする発明や進化・発達というものも「1」。これが大宇宙の真理なのです。良いものも悪いものも、ありとあらゆるものを創り出し、それが人類に変革をもたらして、人類を進化・成長させてきました。

ウィルスは人類を進化させるための強力な手段

創られたものの中で、人類を進化させるために、最もたやすく、強力な手段がウィルスです。人類を変える手段には、ほかに、戦争や飢餓を体験させたり、隕石や爆弾を落としたり、といったものがありますが、一番人類を変えやすいのはウィルスなのです。なぜなら、ウィルスには伝播性があり、無限に、そして、一瞬で広がり、しかも、人間の体だけではなく、意識も変えてしまうからです。

こうしたウィルス伝播は、人類の集合意識を変える時に、過去にも作用しました。もちろん、人類を苦しめるため、という意味はありますが、それも人類の進化・成長には必要なことで、原則として、宇宙の大元というものは、人類にとって良いことしか行いません。今回の新型コロナウィルスも同様に、人類を進化・成長させるためのものなのです。今、人類は生まれ変わらなければならない局面を迎えているのですが、そのことに人類は未だに気づいておらず、その段階に至っていません。

みなさんに知っていただきたいことは、宇宙が行うすべての事象については、良いものばかりではなく、人類の常識や固定観念によるところの善とされることだけでなく、悪とされることもありますが、そのすべては宇宙の大元の愛で、人類を進化・成長させるための設定だということです。これを、「愛」そのものである、ということに、私たちは気づいていないのです。宇宙は、私たちを進化・成長させるために存在していることも。そのことに、私たちは気づかなければなりません。

人類の歴史上、様々なウィルス感染症がありましたが、それぞれのタイミングで、人類の考え方や社会そのものが変化しています。今回の新型コロナウィルスを通して、人類は本来、意識エネルギーを上げる、良い方向へと変わらないとダメなのですが、未だに人類の進化に繋がっていません。低いレベルの集合意識によって脅され、不安と恐怖に染められているのが現状です。これは困ったことで、『0と1の法則』という概念を通して、ウィルス感染症のことをみなさんにもっと知って欲しい、と私は思っています。

自分意識を「0」にして、そこから「1」にすることが大切ですが、自分自身の力では難しいことがあります。その時に、それをサポートしてくれるのは自分以外の存在で、ウィルスというのも、こうしたサポーターの一つです。ウィルスに感染することで、人類が気づいたり、学んだりすることもありますが、それは意識レベルにとどまらず、遺伝子的にも進化・成長するのです。

ウィルスとは意識を持つエネルギー体

ウィルスとは、医学的には細胞壁や細胞膜を持たない非生命体で、細胞壁や細胞膜を持つ細菌などの生命体とは異なります。細菌は顕微鏡で観測ができますが、細胞壁や細胞膜を持たないウィルスは、実在として観測することはできません。よくメディアなどでフリップや映像で写真が示されて、「これがウィルスです」と紹介されていますが、あれはウィルス本体ではなく、ウィルスが生み出しているタンパクを見ているに過ぎません。あのトゲトゲした、なんだかよくわからないものを、ウィルス本体だと勘違いしている人も多いと思いますが、それは間違いです。このように、人類は、「ウィルスというものは何か」ということを本当はわかっていないのです。

私から言わせると、ウィルスとは意識を持つエネルギー体、それが正しい答えです。ウィルスはエネルギー体として実在しているもので、物質として存在しているものではありません。ただ、科学者たちは、ウィルスは構造体であると主張していて、理論的には合っているのかもしれませんが、それはあくまでも想定であって、誰もそれを実証した人はいません。

ウィルスには実在がありませんから、当然、数があるわけではなく、エネルギーが高いか、低いかだけで、ウィルスの集合意識があるだけです。これは人と同じことで、人は身体というものを持っていますが、その実態は意識エネルギーですから、感染とは、人の集合意識エネルギーとウィルスの意識エネルギーとのコミュニケーションであるとも言えます。

これまでの地球史においては、過去にいくつもの大きな感染症によるパンデミックがあり、それによって多くの死亡者が出ました。中には、「ウィルスは宇宙からやってきた」という説もあります。その真偽については言及しません。それは、人が発想できるものは、そういうパラレル宇宙が存在し、それが正しい宇宙、という宇宙も存在しているからです。

過去に、ウィルス感染症によって多くの人が亡くなった、とされていますが、私ドクタードルフィンがこれを読み解くと、集合意識が多くの人が死んでいくという状況を創り出したに過ぎません。

ある時、同じような状況で人が死ぬという状況が重なり、それがかなりの数に達し、これを著名で権力のある医師や科学者が、「これはウィルスによるものだ」と言った途端に、ウィルスというものが生み出されます。存在していなかった「0」の状態から、ウィルスが「1」に変わり、実在化するわけです。

そして、権力者が、「これは感染するものだ」と発表すると、たいていの人は権力者の言葉を信じてしまうため、人類の意識に不安や恐怖などの負のエネルギー、マイナスのエネルギーが生じます。その不安や恐怖の心は、実在化したウィルスと意識共鳴を起こし、不安や恐怖のエネルギーと強く共鳴するため、急速にどんどんと拡まって、集合意識が一気に創られてしまいます。この集合意識によって、ウィルスが世界中に伝播していくわけです。

ネガティブな意識共鳴を引き起こすマスコミ

意識共鳴には、不安や恐怖の他、怒り、そして、愛と感謝などがあります。愛と調和すれば、本当は一番強い共鳴となるのですが、これはなかなか難しい。しかし、不安や恐怖、怒りというネガティブな共鳴は簡単にできてしまう。その上、どんどんと増大していくのです。

意識の共鳴現象とは、他からの刺激によって、意識エネルギーの振動数が増大していくことを言いますが、エネルギーというものは波、波動ですから、それぞれに固有の振動数というものがあります。例えば、人がウィルスに不安と恐怖で接する場合、人の振動数は8万Hzで、ウィルスが70万Hzだとすると、人とウィルスの意識エネルギーが共鳴することで、人の振動数は7万Hzになります。数字が倍数になるという意識エネルギーの共鳴によって、ウィルスは急速に拡大していくというわけです。本来は実在しないウィルスという存在を創り出して、人がたくさん死ぬと意識の設定をし、不安と恐怖というマイナスの意識共鳴によってウィルスを拡大させるのです。

こうした事態を助長しているのが、マスコミの力です。今回の新型コロナウィルスは、当初、中国の武漢に新しいウィルスが発生し、中国に広まっている、ということがニュースで報じられました。この頃はまだ、中国の一地方で起こった出来事だったものが、瞬く間に世界に広まったのは、毎日、朝昼晩、新型コロナウィルスに関する情報をマスコミによって与えられてしまったからです。海外にいる多くの人たちが、「自分たちも感染するのではないか」と、不安や恐怖を持ってしまったからです。

人々の意識が、遠い中国にある意識エネルギーと共鳴したことで、その場所でウィルスが実在化しただけで、海を渡って、ウィルスがやってきたわけではありません。ウィルスはエネルギー感染し、一瞬で地球の裏側にまで伝播するのです。情報がいかに怖いものか。集合意識がいかに怖いものか。新型コロナウィルスの急速な拡大は、不安と恐怖をマスコミに煽られた集合意識が創り出してしまったものだという事です。

このように、自分が体験しているものは、すべて、自分自身の意識が生み出したものなのです。自分がまったく関係のないところで、勝手に降りかかってくるものはありません。ウィルスもそうですが、細菌も同じことです。細菌は、細胞膜を持っているため、顕微鏡でその実体を見ることはできますが、これもある科学者が、「これが病原体だ」と発表した時に、何もないところに、物質化して、世界に同時発生したものです。

ウィルスも細菌も、人の集合意識によって、「0」から「1」に変わったものであり、これも、大元の宇宙の意識によって、人類を進化・成長させるために出てきてくれているものだ、と考えれば良いのです。それを、「ウィルスが怖い」と、不安や恐怖で向き合うのではなく、穏やかに、愛と感謝で、「ありがとう」と付き合っていけばいい。そうすれば、ウィルスも、私たちにとってはマイナスのものではなく、

「1」として、私たちの進化・成長の方向へと導いてくれるものとなります。

これは、前述の例でいうと、ウィルスの振動数が、人のそれの倍数である80万倍になるということです。

不安と恐怖で煽られた集合意識とウィルスが、ポジティブ共鳴を起こすと、例えば、ウィルスが人のために存在するようになります。

不安と恐怖がネガティブなら、愛と感謝はポジティブ。ウィルスというものが、自分を進化・成長させるためにポジティブに働いてくれるためには、「ありがとう」という愛と感謝でウィルスを受け入れることで、これにより、ここにポジティブ共鳴が起こり始めるのです。

不安や恐怖のエネルギーでは、人の振動数がウィルスの振動数に同調してしまいます。反対に、愛と感動では、ウィルスの振動数が人の振動数に同調するのです。

ウィルスも、元々は悪いものではなく、人の集合意識が悪者にしているだけですから、愛と感謝で付き合えば、ポジティブなものになって身体に入ってきて、DNAを書き換えて、より適応力がある人へと変えてくれます。

歴史上、ウィルス感染症が流行したとされる時には、必ず超越した才能を持つ、天才と呼ばれる人が登場します。これは、ウィルスによってＤＮＡが書き換えられたためで、今まさに、人は、その天才力を発揮する時です。今こそがチャンスなのです。そのためには、あなた自身が、ポジティブ共鳴できる自分に変わっていかなければなりません。

人は、過去の歴史から、本当のことを学ばないといけない。これまでの感染症においては、騒動にしただけで、大多数の人は変わることができませんでしたが、宇宙の真理をわかっている人は、その機会をうまく使って、自分を天才化し、世の中において卓越した存在になっていきます。ウィルスが「０」から「１」にしてくれる、このチャンスを活用し、人は集合意識による「１」ではなく、自分だけの「１」を創っていくことが大切なのです。

意識が実在化させる

何も考えていない状態を「0」とすると、何かを意識してしまった時点で、それは「0」から「1」に変わります。

今回のコロナ禍においては、感染拡大対策の一つとして、マスクの着用を強く求められているために、街中の人がマスクを着けてゾロゾロと……このほとんどの人は「ウィルスを防ぐため」という観念でマスクを着けているかと思います。マスクを着ける行動というのは、それを意識して実行するわけなので、マスクを着けた段階で、「1」となります。

自分が望んで「マスクを着けると心地よい」と考えてしている行為であれば良いのですが、多くの人は、不安や恐怖から、「マスクを着けていないと大変なことになる、ウィルスが入ってくる」と思っています。

自分が望んで行った「1」と不安や恐怖による同調圧力による「1」では、同じ「1」でも、ポジティブな「1」とネガティブな「1」として、大きな違いがあるのです。

ネガティブな「1」でマスクをつけていた場合、着けていなかった時に誰かと接触したと思ってしまうと、ネガティブな「1」は強力化して、自分で病気を発症させてしまいます。「マスクを着けていればよかったのに、着けていなかったから。あのタイミングで着けていればよかった」という意識が病気を現象化させ、熱が出たり、喉が痛くなったりといった症状が出てくるわけです。

これは、ワクチンにも同じことが言えます。ワクチンを接種すれば大丈夫、と思っている間は良いのですが、ニュースでワクチンを接種していてもウィルスに感染をしているということを知り、「ワクチン接種をしてもダメなんだ」と考えてしまった瞬間に病気になってしまう。最近の「ステイホーム」もそうです。他の人との接触をできるだけ避けて、家に巣篭もりしていれば大丈夫だと思っている時は良いのですが、ニュースで「家庭内感染」というものを知って、「家でも罹るんだ。私怖い」と考える人が多くなったから、家庭内感染が感染経路しては一番多いとされていた時がありました。

病気は、すべて、意識が創り出しているわけです。よく、「熱を測ると、それを見て具合が悪くなる」という人がいますが、それまではなんともなかったのに、熱を測った途端に一気に体調が悪くなる……これも、意識が創り出している現象です。知らなければ何もないのに、知ってしまったことから具現化してしまう。これも自分の意識がそうさせているだけです。

医師である私から言わせてもらえば、人々が病気だと思っているものは、病名がつかないものがほとんどです。たまたま、医学書的に症状が合致しただけのことで、多くの場合、症状が合致しません。病名がわからないと、「どうしてわからないんですか。なにか悪い病気なんですか」と、余計に不安になって症状が悪化する人がいますが、人の意識とは本当に不思議なものです。

これは、PCR検査でも同じことです。「周りでどんどん感染者が増えている。もしかしたら、私も罹っているんじゃないか」と不安になってしまうと、ウィルスに意識が向いてしまう。すると、ウィルスが自分の意識エネルギーの中に入ってきます。不安になって、検査を受けてみると陽性反応が出てしまった、というのは、ネガティブな意識エネルギーが病気として物質化したというわけです。だから、不安や恐怖を持っていたら、誰とも接触しなくも、ウィルスに感染してしまいます。なぜなら、意識エネルギーによって、その場で病気が生み出されてしまうものだから。

ＰＣＲ検査を受けようという時点で、すでに、その人の意識エネルギーは乱れているのです。不安や恐怖に煽られて、意識エネルギーが低くなり、そして、落ちぶれている。ただ、検査を受けたタイミングによって、陽性反応が出るか出ないかの差があるだけです。

仮定の話として、私ドクタードルフィンが、次のようなリサーチを行ったとします。

そこに集まった人々を、まずは三グループに分けます。

一つ目のグループは、例えば、社会とは切り離された、森深くに暮らす、新型コロナウィルスの存在をまったく知らない原住民のような人たち。

二つ目は、新型コロナウィルスのことは知っているけれど、それを怖いものだと捉えず、自分たちをサポートしてくれるために必要なものだと考える人たち。

そして、三つ目は、新型コロナウィルスをとても恐れている人たち。

この三つのグループの人々に、ウィルスが持つタンパクを調べることができる抗原検査を受けてもらうものとします。

そうすると、一つ目のグループでは、まったくタンパクが出ない、つまり、病気になっていない、ということです。そして、二つ目、三つ目のグループでは、タンパクは検出されるものの、それぞれまったく違った種類のタンパクが出てくるはずです。

もちろん、これは仮定の話ですから、理論上の話にはなりますが、二つ目と三つ目のグループでは、新型コロナウィルスに対する捉え方が大きく異なります。二つ目のグループの人たちは、その存在を知っていても、恐れる必要がないもの、自分たちをサポートするために必要なもの、そして、愛と感謝でウィルスと付き合っていけばいいと思っているので、中に入ってきたウィルスの遺伝子が書き換えられて、別のものへと変化しているからです。一方、新型コロナウィルスに強い不安と恐怖を感じている人たちは、ウィルスによって生み出されたタンパクが出てしまう、つまり、すべての人が病気に罹っている状態になっているはずなのです。

　このことから、新型コロナウィルスと付き合わない、一つ目のグループの人たちは「0」、そして、ウィルスの存在を意識している二つ目、三つ目のグループは「1」ということになりますが、同じ「1」でも、ウィルスとどういう付き合い方をするか、どういう「1」を創るかによって、その結果は大きく変わる。不安や恐怖で集合意識が創り上げているネガティブな「1」から抜け出し、自分だけのポジティブな「1」を創ることが重要であることが、このことからもよくわかります。

第5章

「0」を創り出すことが未来を大きく変える

常に「1」を選ばされて生きている

人は、毎日の生活の中で、常に選択することを迫られています。そして、その選択によって、人生が変わっていきます。

例えば、15歳の少年A君がいるとします。朝7時が彼の起床時間ですが、起きるが「1」で起きないのが「0」ですが、起きることを決めたので「1」になります。もし、ここで彼が起きなければ、彼は、「0」の状態のままで、このまま眠ることができますし、夜起きることも、明日まで眠ることもできます。また、今すぐに起きることも選択できます。起きる「1」に対して、起きないことは「0」、自由が生まれるわけです。この起きたA君をA1、起きないA君をA0とします。

A1君は、次に顔を洗うか洗わないか、朝食を食べるか食べないかを選択します。これも顔を洗えば「1」、洗わなければ「0」となり、朝食を食べれば「1」、食べなければ「0」となります。A1君は、顔を洗い、朝食を食べることを決めたため、それぞれの「1」が蓄積されてA111、顔を洗い、朝食を食べなければA110。

ここで彼の人生は変わります。

Ａ１１君は、学校に行っても勉強に身が入るし、体育も元気にこなすことができました。しかし、Ａ１１０は朝食を食べなかったことで力が入らず、勉強にも集中できず、体育もなんだかダルい状態で思うようにこなすことができませんでした。このように、たった一つの選択の違いでも、彼の一日は変わってしまったのです。

朝目覚めた時に、今起きるのか、起きないのか。朝食を食べるのか、食べないのか。今日はどんな服装で外出しようか、今晩の夕食のメニューは何にしようか、買い物で何を買おうか、と言った日常的なこともすべて、選択です。唯一、意識的に選択をしなくていいのは、肺の呼吸と心臓の拍動くらいで、人は、日々生きていくために、選択をしなくてはなりません。「選択」というと、難しく聞こえるかもしれませんが、毎日の生活の中で、私たちが当たり前のように行っていることも、「選択」です。人は数々の選択をし、それを繰り返し、積み重ねて生きています。

そして、ある時点で、「０」か「１」か、を選ぶこと、アクションを起こすことで、人生が変わるのです。人が、唯一意識的に選択しなくていいのは、人の意識でコントロールしなくてもよい肺と心臓の動きだけです。朝起きる、顔を洗う、朝食を食べる、というのは日々の小さなルーティンですが、こうしたものを選択しなければ、人は生きていくことができません。何もしない状態が「0」ですが、「0」だけでは生きてはいけないのです。人は常に選択を迫られ、そして「1」を選ぶことを迫られます。この「1」の選び方が、とても重要です。これは、究極的に言うと、このまま生きるか、今死ぬか、という選択です。人は、生き続けるという選択を繰り返し、生きているということです。

こうした小さなルーティンだけではなく、人には、人生において、大きな決断をしなければならない時がいくつかあります。

これは、ライフイベントと呼ばれるものです。ライフイベントとは、誕生から始まり、就学・就職、結婚、車や家の購入、引退など、こうした人生の節目には、大きな決断を求められます。この時に、どのような「1」を選択するかによって、人生は大きく変わります。この決断の時に、世間体などを気にして、「これを選んでおけば世間体がいい」「自分が将来、得をする」「将来、お金が儲かる」といった理由で選んでしまうと、魂（true self）が満足しないことが多いのです。それは、脳で作用する集合意識による選択であるため、何かが違う……と、すぐに他の欲望が出てきてしまいます。脳で選択したことは、魂的に満足しないのです。

こうした、人生の節目とも言えるタイミングで、大きな選択をする時は、世間体などではなく、どれが自分にとって楽で愉しいか、ということで決めることが大切です。まずは、頭の中で体験してみて、どちらが本当に自分の求めていることだろう、と思い浮かべてみることです。しかし、この時に考え過ぎてはいけません。パッと思い浮かんだものを選択することです。それがtrue selfの選択であり、必ず宇宙がサポートしてくれるので、満足できるものになりますし、万が一、失敗することがあっても、それが結果的には満足できる方向へと進みます。

ところが、ここで世間体を気にして、あれこれと悩み、導き出した選択というのは、false selfが選んだ「1」で、もしうまく行ったように見えても、魂意識が満足することはなく、一時的には上手く行ったように見えても、最終的には満足しない方向へと進んでしまうものなのです。自分が望む人生を歩むのか、そうでない人生へと向かうのか……ここが人生の分かれ道です。例えば、お金持ちになりたい、社会的地位を手に入れたい、と、誰もが知っているような大企業に就職した場合、自分が本当に望んだものであれば、どんなに苦労をしても、最終的には自分が望む収入や地位を得ることができます。けれど自分が本当に望んだものでなく、他にやりたいことがある場合などは、一時期は上手く行っているように見えても、やがて、魂が満足できず、良からぬ方向へと進んでしまう可能性がある、ということです。

「0」の状態を創り出すこと

こうして、人は毎日「1」を選ばされて生きているわけですが、これは、言い換えれば、自分の中に「1」をどんどん溜め込んでいるということです。これをコンピューター画面に表したとすると、「1」で埋め尽くされていく状態だと言えます。その中で、いかに「0」を作っていくのか、魂的に満足し、自分が幸福だと思える人生を歩んで行けるか、は、いかに「0」の状態を多く生きるか、にかかってきます。自分をリセットし、今ここに「0」の状態を創ることができるのか、ということがとても重要なのです。

「0」とは、無限の可能性を秘めているものですが、ありとあらゆる要素を含んでいるため、相反する要素も同時に存在しています。「0」の状態を創るということは、自分にとっては幸せなことも、不幸なことも、心地よいと思うことも、そうでないものも……「0」の状態を創り出す、ということは、ポジティブとネガティブ、陰と陽を同時に引き入れることです。「1」の状態だけでは、幸せか、または、不幸であるかのどちらかだけを体験することになり、その両方を知らなければ、それぞれの真価というものは見えてきません。

偉人伝などを読んでいると、波瀾万丈の人生とされている人も数多くいますが、この「波瀾万丈」の文字通り、人生の中で波があるのは、集合意識の影響を受けて、アップダウンさせられている、ということです。その中でもがき、学びを得て、そして、進化・成長をして、次元上昇すると、その集合意識のある次元（パラレル宇宙）から抜け出して、別の次元（パラレル宇宙）へ行き、自分だけの世界を作っていくので、安定していくのです。その波の振幅が大きければ大きいほど、極端に幸せな人生にすることができる。本当に、自分が満足し、幸せな人生を送るためには、極端に言えば、究極の幸せを得るためには、究極の不幸がどういうものであるのかを、知っていなければならない、ということです。

固定観念を手放すことは「0」に戻るためには必要なこと

本書で、一番初めにお話したように、地球人のみなさんは、「0」とは「何もない」「何もないから弱い」と考えている人も多いと思いますが、この「0」には、すべての可能性があります。

自分宇宙の中には、今ここのほか、過去生で体験してきたことや、これから未来生で体験するであろうものも合わせて、無限数のパラレルの自分が存在していますが、それが、すべて融合した状態が「0」なのです。例えるなら、色で言う「白」の状態。色というのは、光の三原色である「R（red・赤）」「G（green・緑）」「B (blue・青)」で構成されていて、それが混ざることで、明るくなり、そして白に近づいていき、すべての色が混ざると、一番明るい白となります。「０」というのは、ちょうどこれと同じ原理で、すべてが混ざり合う、つまり、融合した状態なのです。その中には、相反する要素というものも、もちろん存在しますが、ポジティブとネガティブ、陰と陽、善と悪……こうした要素もすべて含まれています。

私は先ほど、「究極の幸せを得るためには、究極の不幸がどういうものであるのかを、知っていなければならない」とお伝えしました。

さらには、この無限数にある可能性の中から、自分の意志で幸せになるための選択をするためには、こうなるべき、こうあるべき、という集合意識によって創られた固定観念を手放せるか、ということが重要なポイントとなります。

こうした固定観念を手放すことは、「０」に戻るためには必要なことで、その上で、あるがままの自分を否定しないことです。

すべてを、「これでいいのだ。大丈夫」と受け入れることを、「０意識」と言い、この状態を創れるか、が大切なことなのです。今までの脳を支配していた集合意識の「1」を、自分意識による「1」に書き換えるため、まずは、一旦、「0」にリセットにするのです。

現実社会で「0意識」を持つことの重要性

私の著書『地球人革命』(ナチュラルスピリット)の中で、欠乏しているという意識の高い人、つまり、自分に何かが劣っている、常に物質的に何かが足りない、裕福ではない、幸せではない、と思っている人は、糖尿病になりやすい、とお伝えしました。一般的に、糖尿病になったり、血糖値が高くなったりした場合、カロリー制限や糖質制限をしなさい、塩分は摂らないように、と医師から言われると思いますが、これは間違った理論だと私は思っています。

糖尿病というのは、細胞が上手く糖質を取り込めず、血液中に溢れてしまうことが原因で、細胞の中では糖質が欠乏していて、常に必要としているため、糖質を摂らないようにするのではなく、細胞の中に入りやすくしてやることが、糖尿病の一番の治療法なのです。

最近では、糖質ダイエットや糖質ケアという言葉もよく聞きますが、世論として、「糖質は身体にとって良くないもの、悪いもの」だとする風潮があります。糖質というのは、人の身体を維持するために必要な、三大栄養素の一つである炭水化物の構成成分ですから、身体にとっては必要なもので、私たちをサポートしてくれるものです。

もちろん、摂りすぎは良くないですが、健康を維持するためには、適度な量を摂取しなくてはなりません。それを、「糖質はダメだ」とする集合意識があるため、血糖値が高くなった人は、糖尿病になることへの不安や恐怖から、「糖質は自分にとっては悪いもの。排除しないといけないもの」と考えてしまうのです。「糖質を排除しよう」と意識した人の身体の中では、それが現実化し、細胞の中に糖質を入れないようにしようと働きます。そのため、糖尿病ではなかった人も、糖尿病になってしまうのです。

たしかに糖尿病は、心筋梗塞や脳梗塞などにも繋がる怖い病気ですが、「その原因ともなる糖質は、抑えなければならない」というのは、集合意識が創り出した「1」。糖質に対しては、「いつも身体をサポートしてくれてありがとう」と、愛と感謝の気持ちで、適量を身体の中に受け入れることで、細胞の中にきちんと吸収され、血糖値も穏やかに下がってくることがこれからわかってくるはずです。「糖質は排除するべきもの」とする集合意識ではなく、自分意識で、「糖質をとっても大丈夫。愛と感謝で受け入れよう」と思うことが大切だということです。

このことは、女性でスタイルを気にしている人や美容に気を使っている人などにも、同じことが言えます。「甘いものはダイエットの敵」「甘いものを食べたら肌の調子が悪くなる」と、本当は大好物のスイーツを、「食べるべきではない」という意識を持ってしまっていることが問題なのです。

「自分は食べてはダメだ、スイーツは食べてはダメだ」と言う集合意識で創り出した「1」の状態にあり続けると、それは本来の自分意識が望んでいることではないので、不満が大きくなっていきます。そうすると、夜になると、自分の意識が我慢し切れなくなり、どうしても食べたくなってしまう。そんな時は、自分を「0」に戻すのです。一度リセットして、そこから「スイーツを食べる自分」と「スイーツを食べない自分」のどちらかを選択すればいいだけです。「スイーツを食べたい自分はダメだ」と考えるのではなく「スイーツを食べたい自分でいいのだ」と受け入れて、「０意識」にするわけです。そこから、自分にとって、楽で愉しい、幸せだと思える選択をする。食べることが幸せだと思うのなら食べればいいし、食べない自分を褒めてあげたいと思うのなら食べなければいいのです。

ただ、こうした「０意識」を持つことは、誰もがすぐにできることではありません。しかし、人は我慢していると、それが不満となって溜まってしまいますから、その反動で食べてしまって、後悔する人も少なくはないでしょう。

そんな時に、私がお勧めしているのは、食べたいスイーツの写真や動画をいつも持ち歩いて、食べたくなったら、その写真や動画を見ることです。それを見ながら、「ああ、美味しいな。嬉しいな」と楽しんでいると、実際に食べなくても、身体の中に、糖質のエネルギーが入ってきます。最初のうちは、「写真を見たら、余計に食べたくなってしまった」と感じるかもしれませんが、愛と感謝の気持ちで、「幸せだな」と続けていくうちに、写真や動画を見るだけで、おそらく満腹感を得ることができるはずです。

それでも、どうしても食べたい衝動が抑えられないのであれば、それは身体が望んでいること。「食べてはダメ」ではなく、食べていいのです。「自分が必要なものはすべてある。これからもあふれ続ける」という意識で食べると、少しでも身体の中に取り入れられれば満足ができ、十分に、身体もそして自分意識も喜ぶことになります。

大事なのは、集合意識に影響されず、すべてを、「これでいいのだ。大丈夫」と受け入れて、「0意識」状態を創り出すことです。そして、リセットをした上で、自分意識で選択をすることなのです。

自分意識が、現実を創る

宇宙には、様々な星が存在しています。太陽系だけを見ても、水星、金星、地球、火星、木星、土星、天王星、海王星があり、それぞれの星が意識を持っていて、宇宙のサポートの元、星として生まれた時が「1」、それから、進化をし続ける度に、ずっと「0」から「1」を創り出しています。

こうした星々は、人生に対して影響を及ぼすということがわかっていて、地球上においては、占星術の起源とされる、「バベルの塔」で知られる古代バビロニア、によって天文学が発展し、日本では平安時代に陰陽師《おんみょうじ》として有名な安倍晴明《あべのせいめい》が天文博士に任命されるなど、古くから星と向き合うことは、とても重要なこととされていました。

星と上手く付き合っていくことは、私たちにとって必要なことで、星のエネルギーを自分の中に入れることで、宇宙と繋がっていくことができます。

そして、それぞれの星には、地球と同じように、その星の生命がいます。それが宇宙生命体です。宇宙生命体には、良い宇宙生命体も悪い宇宙生命体もいるわけですが、ＳＦ映画を観ればわかるように、宇宙生命体は地球を侵略し、地球人を滅ぼしにくる悪い存在という固定観念を持っている人は、少なくないのではないでしょうか。この固定観念つまり集団意識によって宇宙生命体というものを意識すると、悪い宇宙生命体が実在し、宇宙生命体に対するネガティブな意識エネルギーと共鳴し、不安や恐怖が増大していきます。

自分がいる今ここの世界は、自分が自分以外の影響を受けることで、それが本質となるのです。それは自分が望む「自分（セルフ）意識」によるものであっても、本来の自分ではない「集合（ノンセルフ）意識」によるものであっても、つまり、自分が望もうと望まなかろうと、自分以外を、自分が意識することで、それが、今ここの現実になるということです。新型コロナウィルスに感染しないと意識すれば、発病しませんし、自分も罹患してしまうのだろうかと不安を意識すれば、ウィルス感染するのです。

いつも病気を心配し、怖い思いの毎日を過ごすのが良いのか、ウィルスに対して、「ありがとう。私をサポートしてくれて」と、幸せな日々を過ごすのが良いのか。愛と感謝で、ウィルスと付き合っていけば良いのです。さらに、自分が進化・成長すれば、人類を進化・成長させるために宇宙が設定したウィルスそのものの必要性がなくなりますから、存在しなくなります。自分が進化することで、ウィルスを「0意識」にリセットできるのです。

「0」に戻すためのコツ

それでは、この「0」に戻すためのコツについて、これからお話ししていきます。「0」に入れるコツを知っていないと、人は変わることはできません。そのためには、そのコツを知っておかなければなりません。

「0」というものは、無限の可能性を秘めたものですから、ありとあらゆる可能性を自分で作れるようになればいいのです。これまで、無数の中のたった一つの「1」に固定化されていた自分を抜け出して、ありとあらゆる自分が望む世界に進むための前段階の状態である「0」に戻る。しかし、これがなかなか難しいことなのです。

私は、著書や講演会、スクールの中で、「自分を変えるためには、まず、『0』に戻しなさい。1回、リセットしなさい」と、よく伝えていますが、読者や参加者から、「先生、『0』に戻ろうとしても、いくらやってもできません、変われません」という声を聞くことがありますが、その人たちを見てみると、頑張って「0」になろうとしているけれど、「0.5」や「0.3」に戻っているだけで、「0」に戻っていないのです。「0」に戻すことと、「0.5」や「0.3」に戻ることは、全然違うことです。

人には、今まで生きてきた中で染みついてしまった固定観念や常識があり、この中で生きていると、「0」にリセットすることはとても難しくなります。また、社会に認められるようになりたいと思っている人も、なかなかリセットすることができません。

「0」というのは、いつも私が話しているように、「脳を眠らせた状態」を言います。これは、社会が「こうあるべき」「こうなるべき」というものを、全部取り去った状態です。例えば、家族の中では、「夫はこうあるべき」「妻はこうあるべき」「子どもはこうあるべき」といったことや、会社の中で、「会社の一員としてこうあるべき」「上司としてこうあるべき」と思っている人たちは、「0」に戻りにくいのです。

私が、「脳を捨てて、望むままの自分を意識しなさい」と言ったところで、人は、そう簡単にはできなくて、常に何かに捉われている。

ほとんどの人は、頭を無にしよう、何も考えないように「０」になろうと、思えば思うほど、泥沼にハマって、ますます脳を使って考えてしまうのです。本来やることの逆をしてしまっていて、これが人にとっては、非常に難しいところです。

「０」にリセットするためのコツとしては、まずは、**一人になる時間を作ること**。人が生きていく中で、一番厄介な問題というのは人間関係で、これは脳と脳のぶつかり合いなのです。お互いのエゴとエゴ、そして、常識と固定観念をお互いにぶつけ合っているようなもので、人間関係に思い煩わされているうちは、穏やかな平和が訪れるわけはありません。まずは、世間の人との交わりを止める時間を作ることです。

次は、**環境を変えることです**。家の中でも、お風呂やトイレなど、一人になれる空間はありますが、毎日使う場所ですから、違う場所に行くほうが良いでしょう。いつも同じ部屋の中にいるよりも、空気が良く、緑あふれる自然があふれるような山や海へ行って、草木の匂いや潮の香りに包まれて、風の音や鳥の声を聞きながら、一人で穏やかに、時間を過ごしてみるのです。動物や植物、昆虫などと触れ合うのもいいでしょう。そうすることで、煩わしい日常の悩みを忘れ、頭を空っぽにする、脳を捨てることです。

そして、何よりも「0」にリセットするのに、必要なことは、**執着心を手放すということです**。人というものは、どうしてもこの執着心を手放すことができません。お金持ちになりたいとか、いい仕事をして上司や社会に認められたいとか、有名になってチヤホヤされたいとか……そういったものを、「もうこのままでいいや〜」と。「もしかすると、明日死ぬかもしれないし、今が最高に幸せだ」と思えるようになれば、お金も仕事もどうでもよくなります。「なんとかなるさ」と、気持ちも軽くなるはずです。

こういう**「このままでいい」「なんとかなる」という状態**になることを、何度も繰り返していると、場所を変えなくても、毎日過ごしている家の中でも、その状態になることができるようになります。その状態の中で「自分がこうであったらいいな」というものを、一回だけ思考に設定します。ただ、自分にとって心地良いと思える状況を設定して、そのエネルギーに合わせていくのです。ここまでできるようになれば、脳を働かせても問題はありません。これを時々行っていくと、心が良い状態になった時に、望む自分が同時にイメージ化してくるようになります。この「心が良い状態になった時」というのが「0」、そして「望む自分が同時にイメージ化してくる」状態が「1」なのです。これを、『01変換』と言います。

この方法を行う時に大切なポイントは、心が良い状態になった時に、なりたい自分を、「一回だけ」設定するということ。なぜなら、その瞬間だけ、宇宙と自分が繋がっていて、宇宙からのサポートが入るわけです。この時に、「お金があまりある自分、豊かな自分…」と、さらに思考を繰り返して、考えていると、脳を使って考えることになるため、その思考はtrue selfではなくなってしまいます。せっかく宇宙と繋がることができたのに、「あれもこれも……」と、考えてしまうから、「0」に戻れずに、みなさん、自分を変えることができないのです。

また、テレビやインターネットの情報に影響を受ける人は、**しばらくの間、テレビを観たり、インターネットを閲覧したりしないこと。**そして、人間関係が上手くいかない人は、一ヶ月程度、他人を自分から遠ざけてから、『01変換』を行うと良いでしょう。

こうして、設定しながら、望んで、そして、忘れて……を重ねていくと、気がつくと、自分が望んだ通りになっているものです。心をリセットし、一度、無の状態にすることで、その望みが、やがては、完全に叶えられる。これも『0と1の法則』の一つなのです。

今まで、人というものは、脳で理解できるものしか取り入れることできず、脳で理解できないことは拒否してきました。私ドクタードルフィンがみなさんに教える世界というのは、これまでの地球人の意識レベルでは受け入れられないものです。理解できないから、受け入れられない。受け入れられないから拒否をする……。これでは、いつまで経っても、人類は、進化・成長することができません。人は、脳で理解することをやめるべきです。ただ、受け入れればいいのです。理解できないものを、愛と感謝で受け入れること。これは、「0」に戻すためには、とても重要な鍵と言えます。

未来に対する不安と恐怖を実現させないための方法

次にお話しするのは、今抱えている、未来に対する不安と恐怖を実現させないための方法です。

自分の将来に不安を抱いている、という人は多いのではないでしょうか。「将来、年金がもらえないかもしれない」「仕事を解雇されて、収入がなくなるかもしれない」「今は夫の収入で生計を立てているけど、もし夫がいなくなったら、どうやって生きていけばいいかわからない」など、「こういうことが起こったら大変だ」と、今はまだ起きてはいないことを、「どうしよう」と、人は不安に思うものです。

多次元パラレル自分宇宙の中には、無限数の自分が同時に存在していて、もちろん、「こうなってしまったら……」と考える自分がいるパラレル宇宙も、そうではない自分がいるパラレル宇宙も、同時に存在しています。どのパラレル宇宙に行くのかは、もちろん自分自身が選択することになりますが、こうした宇宙の中では、過去や未来と強く繋がっている自分があり、今ここの自分の意識状態において、最も関連が強くなる過去と未来というものがあります。

こうお話しすると、「それでは、やはり、私の将来はダメになるのだろうか」と、思うかも知れませんが、その可能性を否定はしませんが、そうならない未来もあるのです。

今いる宇宙において、みなさんは不安と恐怖を生み出す集合意識の中にどっぷりと浸かっています。その集合意識が、「世間はそんなに甘くない」「こんなことがよくあるよ」「こういうことでダメになった人がいる」ということを見せたり、聞かせたりすることで、「自分もそうなるかもしれない」という意識状態にさせられているということに、まずは、気づかなければなりません。集合意識によって導かれた、その今ここの意識状態は、そうなる未来と繋がりがあるのです。

今の自分を変えたい、とスピリチュアルや自己啓発のセミナーに参加することがあると思いますが、会場を出た時は、『01変換』ができたとしても、家に帰ってテレビを観たり、家族と世間話をしたりした途端、また「0.A」に戻る、を繰り返している人もいます。この状態が続くと、ある時、それが、望まない現実を創り出します。「不安が現実のものになった」とよく聞きますが、これは自分が設定し、実現化させただけのことです。

世の中は、自分が設定した通りのことしか実現しません。今のままでは、集合意識によって煽られた不安や恐怖を、いずれ味わう可能性が高いのです。

しかし、この設定は false self が選択したもの。本来の自分である true self が、この不安や恐怖をどのように見ているのか、ということが重要です。

true self が今までの集合意識を受け入れ、それを許しているのは、そこから気づいたり、学んだりする必要があったからです。たとえ間違ったことだったとしても、それを自分が選んできたことには、意味があり、不安や恐怖を持つことで、十分気づかせてもらえたし、学ばせてもらえた。しかし、本来、無限大にあるパラレルの中から、こうした未来を自分が選ぶ必要はありません。自分が気づき、学んだことで、進化・成長することで、今抱いている未来への不安をまったく経験しない、別の人生を選ぶことは、簡単に、そして、自由にできるのです。

未来というものは決められたものではなく、どの未来、どの宇宙の未来を選ぶかは、自分自身が決めることです。今の現実が自分の望んだものでなかったとしても、これまで十分に気づかせてもらえた、学ばせてもらえた、と愛と感謝で受け入れて、今まで自分が不安や恐怖として設定していた未来を、自分は選ばないと決めればいいのです。

ただ、いきなり、「不安、恐怖は起きない！」と、別の宇宙に飛ぶことはできません。まずは、「自分に、不安や恐怖が起こったとしても大丈夫」だと思うこと、つまり「0」というワンステップを踏むことです。「今まではダメだと思っていたけれど、不安や恐怖が起きても自分は守られている、宇宙にサポートされているから大丈夫、何が起こったとしても、それは自分が創り出したもので、自分が選んだ未来なんだ」とシンプルに考えることです。それ以上はごちゃごちゃ考えない。そう考えることで、いつの間にか、今いる集合意識から抜け出ることができます。

そのためには、いつもいる場所ではなく、森林や海などに出かけて、一人の穏やかな時間を過ごすと良いのですが、音楽の力を借りるのも一つの方法です。宇宙において、**最も人や生命を変えることができるのは、光と音です。**そのため、音楽は、非常に強い力を持っています。

私自身も、不安を感じ、もがいていた時期がありました。それは、大学受験に失敗し、浪人生活を送っていた頃のことです。当時、私は寮に入っていたのですが、門限は10時、いつも監視されているような厳しい生活を送っていました。「これ以上失敗できない、失敗したらどうしよう」という不安と恐怖、そして、焦りを感じていました。テレビも置けない部屋の中で、唯一、穏やかで、本当の自分に戻れるのは、カセットテープで音楽を聴いている時間でした。一晩中勉強をしながら、当時流行っていた松任谷由実やサザンオールスターズ、オフコースやレベッカ、ホイットニー・ヒューストンなどを、ずっと聴いていました。絶望しそうになったり、もうダメだと諦めそうになったりした時も、音楽を聴くことで穏やかな気持ちになれる。「まあ、なんとかなるさ。何があっても大丈夫。これは、自分には必要な経験なんだ」と、自分を「０」に戻すことができたのです。

もし、私が「０」に戻すことができずに、不安と恐怖、焦りを感じながら、毎日を過ごしていたのなら、私が感じていた「これ以上失敗できない、失敗したらどうしよう」という未来は、実現化していたかもしれません。しかし、そうなったとしても、自分にとっては必要な経験である、と受け止め、受け入れることができたから、「失敗する」という未来を選ぶことがなかったということです。

自分の不安や恐怖、怒りは、集合意識で創られたものであることを理解し、愛と感謝でそれを受け入れ、そこで気づきや学びを得ることができれば、その集合意識のある宇宙にいる必要はなくなります。そして「0」に戻って、別の宇宙の未来を選択することで、今抱えている未来への不安や恐怖は消え、まったく別の未来へと変わるのです。

第6章

集合意識による自分の魂意識への影響

人は洗脳されている

人というものは、三次元の地球社会のような、制約の強いところにいると、常に「1」を選ばざるを得ない状況を迫られます。1、1、1、1……。これを積み上げている中で、そうしないと自分という存在が成り立たないと、集合意識に思わされているのです。その上、大半の人は、テレビのニュースやネットニュース、家族や友人など毎日顔を合わせる人に影響され、集合意識によって「1」を選ばされています。これは、もはや洗脳です。

それは、政治家や官僚をはじめとした、権力を持ち、権力に守られた人たちが、自分たちの意識エネルギーを集合意識の中に埋め込んできたためで、同じことが、医学界に属している人々でも起こっています。

現代医学というものは、人類の中では絶対科学とされており、最先端医療は、最も洗練された、最高の恩恵であると多くの人たちから思われているかもしれません。

しかし、私に言わせると、今だけの風潮、ただの流行りに過ぎません。現代医学の内容は、ある一部の人にとっては良くても、別の一部の人には、その逆であることもあります。そのすべてが誰にとっても良いものである、というわけではないのです。

それなのに、全人類にとって、身体や健康、病気というものはこういうものだ、と情報を発信し、現代医学が絶対的に良いものであることのように、意図的に人の意識にその情報を埋め込もうとしている。まさに、洗脳です。「身体のために、これをしてはダメ」「健康に良くないから、これを食べてはダメ」と、権威のある人たちから言われるわけですから、人はそれを事実として捉え、不安と恐怖に煽られて、それをしない、という選択をしています。

しかし、これは「集合（ノンセルフ）意識」による false self から創り出された「1」ですから、本当の自分である「自分（セルフ）意識」による true self からの選択ではないため、健康になったように感じたり、病気が治ったように感じても、それは一時期だけのこととなります。表面を、ただ、誤魔化しているのです。

人は、洗脳状態では、自分意識を抑制されているため、本来の自分が望んでいないことばかりさせられていることになります。もちろん、望んでいないことでも、そこから気づきや学びを得て、進化・成長することができれば良いのですが、洗脳されている時は、宇宙の大元とは繋がっていないため、宇宙からのサポートを受けることができず、本来の自分意識とも繋がることができません。そのため、いつまで経っても、false selfが作り出した「1」から抜け出せず、なかなか、気づきや学びを持てません。そして、私がＳＮＳで、みなさんに厳しく言っていることですが、洗脳されたままで、不安と恐怖から行動をする人は、すべて、次元が下がり、もっともがく世界に行くことになります。

例えば、ワクチン接種一つを取り上げてみても、感染症に対する不安や恐怖から、false selfによる選択でワクチン接種をする人と、接種しておく方が自分にとって穏やかで幸せに毎日を過ごすことができるから、とtrue selfによる選択した人では、同じ行動でも、その結果が大きく変わります。

元々、ワクチン自体、身体に悪い影響を及ぼすものですが、false selfでは、それ以上に、その人の心や精神、つまり、感情や魂意識の部分まで乱すことになります。一方、true selfでは、身体の中に入ってきたワクチンを良いエネルギーに変換し、身体と心、魂を良い方向に進化・成長させることができます。

まずは、自分が、権威と呼ばれる人たちによって、洗脳されていないか、メディアなどによって煽られた不安や恐怖から、本来の自分が望んでいない選択をさせられていないか、を注意することです。ワクチン接種にしても、自分が本当に必要だと思えばやればいいし、自分が必要と感じなければやらなければいい。それは、自分だけではなく、全人類すべてにとって同じことだ、と設定した瞬間に、洗脳された集合意識で創り出された「1」から抜け出すことができます。

そうしたら、次に、メディアや社会はああ言っているけど、本当はどうでもいいことなんだ」と、ありのままの自分を受け入れて、「0意識」になることです。そして、一旦、「0」に戻ってから、本来の自分意識で選択し直すのです。

人は「善」「悪」を決めたがる

「0」には、無限数の可能性があり、その中には相反する要素が存在する、と先ほどお伝えしましたが、どのパラレル宇宙を自分が選択しても、自分の選択が「善」、それと相対するものが「悪」というわけではありません。ただ、自分意識がそこを選んだだけ、自分個人の選択です。

反ワクチン派、反ワクチン団体のほとんどは、ワクチンは悪いものであるから接種には反対、接種してはならない、という政府とは真逆の見解を示しています。そうした見解を世の中に示し、人々の選択を正しい方へと導くことは、とても重要なことです。

しかし、反ワクチン団体の問題点は、ワクチンは「悪である」と決めつけて、世論として自分たちの意見を集団で流布していることです。これでは「ワクチンは悪いものだ」という集合意識を創ってしまうことになります。そうすると、ワクチン接種をしていない人は、「ワクチンは悪いものだ」という世界で生きることになってしまいます。

これでは、政治家や専門家たちなどが創る「ワクチンは良いもので、接種すべきもの」という集合意識で、不安や恐怖を煽っているのと同じことなのです。これは、反ワクチン団体に属する人が、善悪ではなく、ワクチン接種も含めて、すべては個人の自由と選択という「0意識」になって、自分の「1」を決めるという高次元の見方ができていないからです。

地球人は、有史以来、ものごとを『善悪二元論』で決めつけてきました。

反ワクチン団体の人々の、もう一つの問題点は、集団になって対抗しようとしていることです。集合による意識は「0意識」を作ることはできません。人は、すべてが個の存在で、それぞれがお互いの存在を尊重するもので、個というものが大切なのです。一人では何もできないから、と、低い意識エネルギーばかりを集めていては、「0ポイント」に戻れなくなってしまうことになります。

これは、戦争にも同じことが言えます。戦争をやる方にも、その存在意義があります。戦争だけではなく、小児虐待や人身売買もすべてそうです。こうしたものはない方がいいに決まっています。しかし、それが、この地球上に存在するということは、人はこうしたネガティブな出来事を見たり、聞いたり、あるいは体験することで、自分とは反対側も受け入れて、そこから気づきや学びを得ることが必要なのです。そうすることで「0」を創ります。

今の集合意識は、自分とは反対するものを、「善だ、悪だ」と決めつけているだけです。世の中には、どちらかが100％正しいというものはなく、どちらも、無数に存在する「1」の一つに過ぎません。それを一方が「善」、もう一方を「悪」と決めつけて対立するだけでは、何も変えることができません。そこに生まれるのは、ただ、争いだけなのです。これは、アトランティス時代から何度も繰り返されていることと同じです。これを何度繰り返しても、人類を進化・成長させて、次元上昇へと向かわせることはできないのです。それとは反対に、さらに次元を下げることにもなってしまうでしょう。

第7章

「1」から「0」へのリセットの重要性とシークレット

魂意識の「羅針盤」が示すもの

地球人は、宇宙の数ある星の中から、この地球を選び、松果体にソウルインした時に、身体として物質化をします。まだ物質化していない、地球に入ってくる前の段階では、魂意識の羅針盤は、「1」が40％で、それが地球にソウルインして物質化すると、「1」が90％を占めるようになり、この状態で地球に生まれてきます。これが、20歳を迎える頃には、95％に上昇します。この上昇した5％というのは、集合意識に創られた常識や固定観念で洗脳されるためです。そこから、さらに「1」が増える人と、減らす人に分かれていきます。

「松果体を活性化しなさい、覚醒させなさい」と、いつも私はお話ししていますが、それは松果体が活性化、覚醒すると、宇宙の大元の自分と繋がるからです。どんどん繋がることで、意識は、「0」を増やしていきます。

人は、地球に生まれてくる時に、すでに、魂意識の羅針盤の「1」の割合が90％になっていて、20歳で95％になるというのは、地球人の宿命です。地球に入ってくる以前は、その割合が40％くらいなのですが、この「1」だらけの生命体として生きる選択をした魂に対しては、いつも、私は、「宇宙の生命体として、もっと楽で愉しい星があるのに、わざわざ地球に来たあなたは、素晴らしい勇敢な魂だね」と、称賛を送っています。

人というのは、これまで、家族や社会による「こうあるべき」「こうなるべき」という固定観念を与えられてきたわけですが、そうした教育の中で、無意識に自分と自分以外の人とを比較してしまう習慣が身についてしまっているものです。

『0と1の法則』では、自分が何かを選択した時点で、それは、すべてが「1」となります。

ここで、例えば「あなたは優しい人ですか？　それとも、厳しい人ですか？」と、宇宙から問いかけられたとしたら、優しいです、と答える人もいれば、厳しいです、と答える人もいるでしょう。そして「どちらでもないかな」、つまり、中間だと答える人もいるでしょう。この三つの答えは、すべてが「1」です。「自分は○○です」という答えを出した瞬間に、選択がなされたことになりますから、すべては「1」

となるわけです。

ただ、人は、中間にあるものを「0」だと考えてしまいがちですが、これは、『0と1の法則』においては、「1」なのです。このように、自分をある世界の中で、あるものに固定させると、「1」になるのです。

そして、人は、優しいのが良くて、そうでないのが良くない、と考えてしまいます。これは、親や学校、社会で、「他の人に優しい人になりなさい」とされてきた社会通念や固定観念によって、脳に刷り込まれたもので、これがある限り、人は、「0」に戻ることはできません。

「1」を「0」に戻すための心のトレーニング・メソッド

それでは、ここで「1」を「0」に戻すための、心のトレーニング・メソッドをご紹介します。

「あなたは優しい人ですか？　それとも、優しくない人ですか？」と、あなたに問いかけます。これに対して、あなたは、「自分は優しい」と答えたとします。これによって、あなたは、「優しい人」という「1」になったわけです。

ここから、「1」から「0」に戻すためのメソッドとなります。

【ステップ１】認識する

宇宙には、ポジティブとネガティブ、素粒子の理論で言えば、＋と－は同時存在しています。片方だけでは存在できず、その両方に意義があり、両方が必要です。つまり、宇宙的には、優しいも優しくない、も両方に意義があり、必要であることを認識することです。

これまで「優しいことが良いこと」と思っていたのなら、優しくないことにも同じだけの価値があり、必要なものである、と捉えることです。

【ステップ2】受け入れる

宇宙には、相反する要素が同時に存在し、それぞれに意義があり、必要なものであることが認識できたら、それを自分の中に受け入れることです。

自分は優しい人だと思っていたけれど、同時に優しくない人であるということを、考えてみましょう。

例えば、子どもの頃に、友だちがいたずらをされて困っていたとします。その友だちには、「大丈夫？」と、優しい言葉をかけてあげながら、いたずらをしていた人に対しては、「やめてあげて！」と叱咤したことはありませんか？

この時に、あなたは、一方では優しいけれど、一方には優しくない人になっていたます。つまり、自分の中に、優しい部分と優しくない部分の両方がある、ということです。

このことを受け入れてみましょう。

【ステップ3】広い視野で見る

自分の中にも、優しさとその反対の両方があることを受け入れたら、どちらも必要なことで、意義のあることで、「どちらでもいいんだ」と、これまでより少し視野を広げて、物事を捉えるようにしましょう。

子どもの頃、いたずらをされていた友だちに優しく声をかけ、いたずらしていた人に怒ったけれど、後に、その人が、「そんな悪いことだと思ってなかった。いたずらしてごめんね」と言ってきた、とします。その人は、あなたが怒ったことで、それが悪いことだと気づくことができたわけですから、厳しいことも人にとって良いこともある、と学んだことになります。厳しくすることも、優しくすることと同じだけ良い価値がある、という見方をすることができるようになったわけです。

また、困っている人を、見て見ぬふりをする場合、優しくない行為となりますが、それ自体は、人や社会に大切なことを気づかせたり、学ばせる役割を持つのです。

【ステップ４】「０」になる

相反する要素、優しさとその反対の両方を持っているあなたは、優しい人でもあり、優しくない人でもあるのです。しかし、それを自分で決める必要もないのです。このことがわかった時点で、優しい人と優しくない人という「1」が、両方を持った「0」になります。

このメソッドは、シンプルなものですが、あらゆるシーンで活用することができます。

今、あなたはとても貧乏な人である、と仮定します。社会通念や固定観念で、お金持ちは価値がある、貧乏は価値がない、と考えている人は少なくないはずです。しかし、世の中は、お金持ちだけでは成り立ちませんし、貧乏な人だけでも成り立ちません。まず、これを「認識する」ことです。

そして、お金持ちと貧乏な人がいるから、社会が成り立ち、両方の存在に価値があるのです。貧乏であるありのままの今の自分を、価値のある存在だと「受け入れる」ことです。

しかし、人というものは、無意識に自分と自分以外の人とを比較してしまう習慣が身についてしまっているため、貧乏である人は、どうしても、お金持ちと自分を比較してしてしまうものです。自分はお金持ちより価値がない、と考えてしまうかもしれません。ここで、今、自分は貧乏だけれど、それは貧乏であるという役割をしているだけであって、貧乏から学び、自分の存在が裕福な人たちを成り立たせているのだ、と「広い視野で見る」ことをすれば良いのです。そこに、あなたの価値がある、ということです。こういう見方ができれば、宇宙的に見ると、その人は、両方の世界に生きていることがわかってきます。どちらも大事な存在であると捉えることができ、貧乏であることは価値のないことではない、と考えることができるようになります。

そういう捉え方ができるようになると、いろんな可能性が目の前に広がってきます。「貧乏だって悪くない。お金持ちのように失くすという不安もないし、気楽に生きることができるし、これでいい」「今は貧乏だけれど、この先の裕福になる未来もあるはず」と、両方の可能性を持っているし、どちらでもいい、どちらも幸せ……とした時に「0」に近づくことができます。

日常の中で、このメソッドを繰り返して、これまで「自分はこうだ」と決めつけていたものを一つずつ外して、この宇宙の中では、物事を決めていくのはすべて自分であることに気づき、「これでいい」と、受け入れることができます。それが、「0」になること。「0」になると、宇宙の叡智と繋がり、宇宙のサポートによって、何かを選択する時に、何をすればよいのか、ということがわかってきます。自分が穏やかで幸福になるためには、こういう行動をしていけばいいのか、ということを即座に判断することができるようになります。これまで固定観念などで選ばされていたものではなく、自分の魂が望むことが、宇宙のサポートによって、良い方向へと実現していきます。

このメソッドを始めると、初めのうちは、いろいろと考えすぎてしまうこともあると思います。「これはこうだから、こうなって……でも、こうなるよな、いや、こうかな」と、なってしまうのは、脳を使っているからです。脳を使っている間は、松果体の働きを脳が邪魔をしてしまうため、宇宙に繋がることはできません。何度もメソッドを繰り返し行うことで、瞬発的に、「これはこう。これはこう」と、シンプルに思い浮かべることができるようになっていきます。その状態を創り出すまで、何度もトレーニングを重ねることが大切です。

「私はダメだ」と、初めから諦める必要はありません。地球にいながらでも、「1」を「0」に戻して、本当の自分が望むことを実現することは、誰にでもできるのです。ただし、その前提として、自分の中にある「こうあるべき」「こうなるべき」というものを、すべて外していかなければなりません。その上で、自分には役割があり、同時に、今の自分とはまったく反対の自分が存在していること、を認識するのです。

宇宙には、「ゼロポイント」を中心に、右回りの螺旋《らせん》エネルギーの宇宙と、左回りの螺旋エネルギーの宇宙があって、まったく反対の宇宙が同時に存在しています。つまり、ダメだと思うネガティブな自分がいる宇宙の反対には、ポジティブな自分が存在する宇宙があるのです。このネガティブとポジティブの自分が同時に存在している、ということがわかれば、さらに、「0」に戻って行きやすくなります。

そして、今の自分は、こういう役割をしているだけで、全部手放して、「これでいいのだ、自分はどっちの要素もあるんだ」と受け入れることです。これを感情面や健康面、経済力や能力に対して、すべて適用して、どんどん「0」にする癖をつけていきます。

そうすると、だんだんと宇宙と繋がってくるので、これまで地球のサポートしか得られなかったものが、宇宙レベルのサポートを受けられるようになるため、自分をどんどん変えていくことができるようになり、次元も上がります。次元が上がるということは、自分の「1」が減っていくということです。

次元上昇することで、自分を否定しなくなり、そのままで受け入れられる能力が上がります。そうすると、いつの間にか、自分の望みも叶っていくのです。

宇宙に委ねる

しかし、いくらトレーニングを重ねても、人が「0」の状態を継続することは、とても難しいことです。地球で生活をしていると、テレビを観たり、インターネットでウエブサイトを閲覧したりすることで、いろんな人の情報に触れたり、ニュースを見たりすると、次元の低い人たちによる同調圧力により、せっかく「0」に戻ることができた人でも、その集合意識によって創り出された「1」へと連れ戻されてしまう。私の講演会やスクール、イベントに参加したり、私の本を読んだりして、直後は「0」に戻っていても、次の瞬間、また「1」を創り続け、たまに「0」に戻って、また「1」、そして「0」に戻って、またまた「1」……というのを繰り返しています。これでは、本当に自分の魂が望む、良い方向へと向かうことができません。

集合意識による「こうあるべき」「こうなるべき」を完全に自分から外し、集合意識から抜け出さなければ、何度も、集合意識による「1」に入ってしまって、その状態を続けることにもなりかねません。

『高次元ヒトラーの法則』と私が名付けますが、三次元のヒトラーが、「洗脳演説」によって、熱狂的な支持者を集めたように、重要なポイントを何度も繰り返して、その主張を意識へと刷り込んで、自分を洗脳していくのです。これを、自分を進化・

成長させるために、高次元の手法としてやることです。

例えば、私の本を何十回、何百回と読んだり、私が発信している動画を何百回、何千回と見たりして、常に、私のエネルギーに繰り返し触れてみるというのも、一つです。調子がいい時は、少し離れて、調子が悪くなると、また戻ってくる、それを何度も繰り返してみることです。

ただし、気をつけなければならないのは、何かに頼り過ぎない、依存しないことです。それでは、繰り返し自分をトレーニングしても、効果はあまりありません。

次に気をつけたいのは、「こうあるべき」「こうなるべき」と教えている教えや善悪の教えがありますが、こうした教えは、あなたの意識を「0」に戻すことはできません。

「1」を「0」にするためには、すべてを宇宙に委《ゆだ》ねて、何も思考せず、何も行動しないのが一番なのです。

しかし、ほとんどの人は、いきなり、すべてを、宇宙に委ねるということは、なかなかできません。先ほどお伝えしたメソッドは、あくまでもトレーニング・メソッドで、三次元の方法です。すべてを宇宙に委ねるための自分を創るための準備体操のようなものだ、と考えてもらえればいいかと思います。

でも、今からお話しするのは、そんなトレーニングをしなくても、本当はもっと高次元的に自分を書き換えることができるという内容です。

「１」を「０」に戻すためのトレーニング・メソッドでは、自分で考えるステップが多いので、直感ではなく、どうしても脳で考えてしまう部分が多くなります。脳を使って自分を振り返って、自分を見つめて、思考して自分を変える……ということは、脳を使わないとできません。脳で考える「０」と、宇宙に委ねる「０」というものがあって、脳で考える「０」は三次元的、宇宙に委ねる「０」は高次元的なものになります。この三次元的「０」と高次元的「０」の違いを理解しなければなりません。

三次元的なトレーニング・メソッドでは、脳を使い過ぎてしまう人もいるかと思います。「そうは言ったけど、自分はそうじゃない。そんなふうに思っても変わらないと思う」「自分は自分のことを変えるのは難しい」とか「自分は間違っているんじゃないか」「本当にこれでいいのか、自信がない」……脳を使うといろんな思考が出てきてしまうということは、これは宇宙と繋がっていないということです。宇宙と繋がっていないと、「1」を「0」に書き換える能力が低くなってしまいます。

高次元的「0」とは、何も思考しないで、全部を宇宙に委ねることです。ダメな自分を、「これでいいのだ」と全部許して、宇宙にすべてを委ねて、何も思考しないでいると、やがて、脳が停止します。脳が停止すると、松果体が宇宙の叡智を受け取る邪魔を、脳がしなくなります。素直に宇宙の叡智が入ると、自然に何もしなくても、「1」が「0」に書き換えられていきます。

人は課題を持って生まれてくるもの

元々は、身体を持たない宇宙的存在である自己は、地球に入ってくる時に、課題を持ってやって来ます。魂意識として、劣っているところを修正するためには、それに見合った最適な体験が必要で、そのための環境、身体と人生のシナリオを選んで地球に入ってきますが、true self はこうした過程を、無意識的に、すべて知っていて、覚えているわけです。true self は、自分が本来なすべきことを、松果体を通して、無意識の状態で知っているのです。

このことは、生まれてから然るべき時の然るべきところで、「1」が「0」に切り替わることを意味していて、その結果、新しい「1」が創り出されます。しかし、人は、どうしても集合意識に影響されてしまうため、人生のシナリオの進行が遅れたり、さらに、設定していなかったものがきまでプラスされたりして、当初のプランでは一年や三年でクリアするシナリオが、それ以上に長くなっている可能性もあります。

脳が停止して、松果体が直接宇宙と繋がることで、本当のシナリオを、予定通りに進めることができるようになります。そうなると、すべてを知っている true self が、すべてやってくれます。

人が、自分の課題や人生のシナリオをクリアして、幸せになるために、10年必要だとすると、『0と1の法則』を活用すると、それが一年や二年でこなすことが可能になります。それは、早く、良い「1」を始動させるからです。『0と1の法則』は、さらには、地球に入ってくる時に設定した、高次元DNAのエネルギーに設定されたシナリオを、書き換えることもできます。

「ドクタードルフィンが教えるように、一生懸命にやっているけど変わらない」と言う方がいますが、それは高次元のtrue selfが、まだ、変わる時期ではないと決めているからです。だから、宇宙に委ねて、脳を使わずに、宇宙と繋がることができたら、然るべきタイミングで、然るべきところで、「1」は「0」になって、新しい「1」に必ずなります。

それは、10年先のシナリオなら、10年待たなければいけないか。そうではありません。私の教えを実践して、どんどん宇宙と繋がって、自分の魂意識の次元を上げて、「0」を増やしていくと、シナリオを書き換えて、明日にでもそうなる可能性もあります。

この三次元的「0」と高次元的「0」の最も大きな違いは、三次元的「0」は「1」に戻ってしまいますが、高次元的「0」は、簡単に「1」に戻ることはありません。

この高次元的「０」を創っていくことが、人生を豊かに幸福にしていくことに繋がります。最終的には、高次元で書き換えさせることが大事なのです。本書は、そのための鍵なのです。

第8章

人は死を迎えるが、魂に寿命はない

人の死について

人の死について、『0と1の法則』の概念で考えると、身体が滅びると、一旦は、「0」の状態になりますが、死ぬ間際に、「私の人生はダメだった」「本当に悲しい人生だった」「悲しみと怒りが尽きることがない人生だった」と、悔いを残して死んだ場合は、魂意識に、地球の集合意識による「1」をいっぱい持つことになります。

地球に入ってくる前の段階では、魂の意識の羅針盤は、「1」が40％だったわけですから、戻る時には、30％や35％にして卒業することができれば、それは地球の成功者で、次元上昇したということです。しかし、悔いを残して亡くなった場合は、45％や50％となり、次元降下することになりますが、こうした人がたくさんいるのです。死に際の愛と感謝の度合いで、次元上昇するか、次元降下するのかが決まります。死ぬ直前に自分の人生を振り返り、「愛と感謝であふれた人生だった」と受け入れることができれば、一気に「0」化することもできるのです。

私の自著『地球人革命』（ナチュラルスピリット）でお話ししていますが、その死が自殺であったとしても、それは自らが地球に生まれてくる時に選んだ人生のシナリオの一つに過ぎません。それがどういう感情を持って死んでいくのかが重要なのです。死の間際に、「自分は不幸だった」という後悔の感情で死んでいくと、強く「1」化して、次元降下することになります。逆に、死に際に、「私は十分に生きた、愛と感謝でいっぱいだった。ここで幕引きをして、新しい自分を生きる」と思って死ねば、それは、次元上昇へと繋がります。

キリスト教では、自殺した人は地獄に落ちるとされていますが、これはキリスト教が神を前の存在とし、悪魔を悪とする考えに基づくもので、自殺は悪いもの、つまり「悪」と決めて、悪いことをしたから悪い場所へ行く、としているに過ぎません。自殺は決して良いことではありませんが、「自殺は悪いものである」とする、その集合意識が問題である、と私は言いたいのです。

宇宙の高次元の星々では、寿命という概念がない

現代医学の世界においては、延命させることを医学的に優先すべき、と思い込んでいる医療従事者が大多数を占めます。これも、創られた集合意識によるもので、医学界の歪んだ「1」だと言えます。地球では、長く生きることが幸せである、とは限りません。宇宙の高次元の星々では、寿命という概念はないのです。

シリウス星文明では、生命体は、地球の時間に換算すると、300〜1000歳くらいまで生きることができますが、地球人のように、死が怖いものではなく、自分の意志で自由自在に星にいる時間を調整し、もう少しシリウス星にいたいと思えば、時間を延長し、ここを早く卒業して地球に学びに行こうと思えば、時間を短縮することができます。ベガ星文明やリラ星文明でも同様で、高次元の宇宙人は、地球人のように身体を持っていませんし、魂意識は、永遠に宇宙に存在することを知っているため、その星での生命として生きる時間の長さに対するこだわりがありません。

一方、地球人は、これらの星の存在とは異なり、身体というものを持っているため、人として生まれてから身体が限界を迎えるまでの期間しか、地球人として生きることができません。そのため、地球にいると、寿命というものが大事だという錯覚に陥りますが、宇宙の中では、ほんのわずかな時間でも、幸せなのです。死への恐怖、死に繋がる病気への恐怖というものは、今の医学界が創り出した集合意識で、これを上手く利用して、医療産業は成り立っているわけです。

このことがわかってくると、人は、死ぬのをあまり恐れなくなり、穏やかに最期の時を迎える心の準備ができるはずです。そうすると、死を迎えた時の魂意識の羅針盤に、「1」の割合を減らし、次元上昇することができるのです。この魂意識の羅針盤の「0」の割合を、生きている間に増やすと、寿命を延ばして、地球でも300歳くらいまで生きることができるようになると、私は考えています。

もちろん、これはあくまでも仮定の話です。今現在においては、300歳まで生きている地球人はいませんが、世俗とは隔離されたジャングルの奥地で、現代人に知られることなく、200歳以上生きている人がいるのではないかと思います。

地球人のほとんどは、歳をとると老化し、身体が衰えて、100歳までに死ぬものだ、という集合意識の中で生きているので、それが実現化しているだけです。この集合意識から抜け出して、魂意識の羅針盤の「1」の割合を、70〜80%くらいに下げることができる人は、本当にいい人生を送ることができます。そういう人は、病気もなく、まさに大往生……地球から卒業して、いずれ次元上昇して、「ゼロポイント」に戻ることになります。

魂意識の羅針盤が「1」で埋め尽くされると、人は操り人形になる

魂意識の羅針盤が、「1」で100%占められてしまったらどうなるのか。それは自分の意識も意志もない、完全な操り人形になるだけです。「1」の割合が高い人は、不安と恐怖に煽られて、操られているだけに過ぎないのです

残念なことに、今の社会では、この「1」の割合が高い人ばかりが選挙で当選する、政府が創り出した集合意識に黙って従う人が政治家になる仕組みが、出来上

がってしまっています。なぜなら、選挙で投票する大多数の人は、不安や恐怖に煽られて、洗脳された人たちだからです。そして、投票される立候補者たちも、既得利権と自らの保身のために、言いなりになるような人ばかり。自分の意識や意志で、物事を判断できる「0」の割合が高い、つまり「0」力の高い人は、今の政治家にはほとんどいません。この「0」力の高い政治家が出てこなければ、今の政治を変えることはできないのです。

今の政治の仕組み自体も、集合意識を味方にして、人類を意のままに操るための統制力を作るものとなってしまっています。

これからの新しい政治は、より多くの人類の「0」力を高め、次元上昇できる社会環境を築いていくためのものです。人類が「0」化するためのサポートをするものので、そうした力を持った人がリーダーとなるべきなのです。

だから、私は、「今の政治をぶっ壊さなければならない」と、言っています。私のように「0」力の高い存在は、人々の「1」の割合を高めようとしている勢力から、バッシングを受けることになります。こうした勢力は、マスコミなどのメディアを筆頭に、政治家や官僚、専門家や医学会などに強い影響力を持っているため、次元の低い集合意識ができてしまっています。

第9章

現代医学と弥勒医学

現代医学の限界と弥勒医学の可能性

私は今、高次元医学を行っていますが、整形外科医として現代医学に従事していた頃とは違い、今の私の元に来る患者さんは、「いろんな病院に行ったけど、どこに行っても良くならない」と、来院される人が多いのです。高齢の患者さんなどは、「歳だから、これは治らない、と言われた」「持病だから、長く付き合っていくしかないね、と言われた」と、いう人も多くいますが、これは医師がよく使う、定石の逃げ口上のようなもので、患者さんも、医師にそう言われたら、素直に引き下がるしかありません。

「歳だから仕方がない」「持病だから仕方がない」……そんなものはありません。そもそも、歳だから、という症状や病気はありません。

たしかに、宇宙人と異なり、地球人の身体というのは、限界があるため、加齢により、様々な症状や病気は発症しやすくなりますが、症状や病気には、先に伝えた、魂のシナリオによる課題があり、それを「歳だから」の一言で終わらせてしまうような医師では、人を救えないのです。そもそも、彼らには、目に見えない高次元のエネルギーは扱うことはできません。

今の現代医学では、投薬や手術といった、症状を抑えるための対症治療がメインであるため、病気が持つエネルギーの乱れはそのままなのです。それどころか、「病気が良くなるためには、こうあるべき、こうなるべき」と、意識エネルギーを下げることばかりをやらせているので、症状でもがく一方で、結局「0」化に向かわず、人類は救われないのです。人類を救うために必要なのは、意識を変えさせる弥勒医学、つまり、意識を「1」の状態から「0」に戻す医学です。現代医学は、逆に、「0」を「1」にするものばかりです。

人類の99％は、集合意識によって、医師の言うことは正しく、歳だから病気になる、持病だから諦めなければならない、と思い込まされています。この集合意識によって創られた「1」というのは、「0」に戻るのを困難にする、強力な「1」を生み出すため、病気の症状が現実化し、それがなくなることがないのです。

本当に人類を救うために、行なっていかなければならないことは、「0」化させる弥勒医学だと、私は考えます。

人が地球に生まれる時は、魂意識の羅針盤が、「1」を占める割合は90％で、20歳になるまでにそれが95％まで上がります。私の学びを実践すれば、それを90％・80％・70％……に下げていくことができます。魂意識のエネルギーというのは波動ですから、この「1」が占める割合を下げることで、エネルギーの振動数が上がり、生まれた赤ん坊のように、身体は活性化することになります。つまり、身体も心も若返る、ということです。私の診療では、女性の患者さんは、一瞬で5～20歳くらい若返ることは、頻繁にあります。このことからもわかるように、歳だから病気になる、というのは、完全に集合意識に侵された「1」なのです。

病気においては、細胞も、意識エネルギーを持っていて、乱れて、異常となった時点で「1」となり、それが「0」に戻ることで、その存在が消滅します。

病気の元になる細胞は、さらに、集合意識エネルギーが上乗せされることで、この「1」が「1＋」の状態になります。病気にはさまざまな種類があり、それぞれが持つ乱れのエネルギーが異なりますが、症状が重くなるほど、さらに、不安や恐怖のエネルギーが強くなるために、どんどん「1」が重くなってきます。例えば、肺に、少し炎症を起こした程度であれば、「1+」、これが重症の肺炎であれば、「1+++」。こうした病気の症状を緩和させたり、治癒《ちゆ》させたりするためには、この病気を「1」の状態から「0」に戻すために、自分意識のエネルギーを上げる必要があります。

ガン細胞にしても、いきなり「1+++」の状態になるわけでありません。自分は価値がない、自分は愛に値しない、という思いを持ち始めると、意識エネルギーが低下して、「1」化が強くなり、それが「1+++」となってガン細胞になるのです。

こうしたガン細胞も、愛と感謝で、「自分を成長させてくれてありがとう」と受け入れることができれば、その意識エネルギーを、「1+++」から「1++」、そして「1+」に落とせるはずです。そうすれば、やがては「0」になる、つまり、完治する可能性も出てきます。

持病や老化も同じです。持病だから、高齢だから治らない、ということはありません。ガン細胞と同じように、同じ年齢の人に比べて、意識エネルギーが乱れてしまったために、症状が現れただけです。乱れてしまった意識エネルギーを、「1」から「0」に戻してやればいいのです。「0」になれば、病気は消滅する可能性があります。そうなると、症状はなくなり、病気も治癒する、しかも、身体的、精神的年齢は若返るわけですから、これ以上うれしいことはありません。

こうした症状には、意識エネルギーの乱れから、細胞エネルギーが乱れたことで発症するもの、と、もう一つ、地球に身体を持って生まれて来る時に選んだ身体と人生のシナリオで、あらかじめ設定されて発症するもの、の二つのパターンに分かれます。

このシナリオで決められていた病気とは、自分の高次元DNAに、「50歳になったら、こういう症状を持つ、こういう病気を発症する」ということが書かれていたために起こったものです。魂意識が地球に生まれる時に選んだシナリオの一つで、このシナリオを書き換えれば良いのです。

現代医学では、エネルギー的に、限界があるのです。病気の原因がわかっているものに対しては、投薬や手術で、治癒するものも当然ありますが、治療法がない、原因不明とか……になると、手が打てないのです。私ドクタードルフィンが行なっている弥勒医学では、『0と1の法則』で、すべて説明がつきます。そして、私の高次元の医学では、症状、病気のあるシナリオを書き換えることも可能です。そのため、現代医学では投薬や手術、放射線治療でしか治らないものが、そうしたものを用いなくても、対応することができます。

大宇宙視野的に説明すると、症状も病気も物理的、化学的な要素に加え、生まれつきの遺伝子的な要素もあります。これも、魂意識が地球に入って来る時に、何歳で症状や病気を発症し、もがくことになるのか、ということはすでに決めていて、このもがく体験によって、気づきや学びを得て、進化・成長するという設定が、シナリオに描かれているのです。

魂意識が設定したように、その症状や病気を持った時に、そこから、気づき、学びを得れば、すぐに回復の方向へと向かうことになります。しかし、病院に行って、「これは治りにくいですね」「これは時間かかりますね」と言われてしまうと、その通りになってしまうのです。これは、集合意識によって、自分の意識で、「これは治りにくい」という「1」を現実化するためです。

これは、自分が設定し、持っている症状だということを、愛と感謝で受け入れれば、自分の設定を変えることもできます。このことは、すべての病状や病気、ガンをはじめ、あらゆる難病についても、同じことが言えます。

現代医学は「1」を消滅させる

現代医学で用いる薬や手術、放射線などは、弥勒《みろく》医学とは異なり、病気の「1」を「0」に戻すものではなく、この「1」をなくしてしまうやり方です。症状をもつ「1」を消滅させれば、その症状自体はなくなったような錯覚を起こしますが、同時に、無限大の可能性を持つ「0」をも消滅させてしまうことになります。この行為を繰り返すうちに、「1」はなくなっていきますが、「0」という、宇宙と繋がる可能性をも消してしまうことになるのです。これなら、まだ、病気の「1」を持っていた方が、可能性は広がります。

人生が、どうして、上手く行かないのか、どうして、悩みを持ち、困難な状況にさらされるのか。これも同じことです。その原因は、『０と１の法則』にあります。人生を、自分の望んだ通り、思い通りに進めるためには、自分の中に「０」を多く増やすことです。

それとは逆に、「１」をたくさん抱え込み、その意識エネルギーが下がると、より多くの悩みや困難にぶつかってしまうことになるのです。

第10章

人類の存在意義と生きる理由

デモや抗議行動の問題点

人類がこれまで行ってきたことで、集合意識に操られて、次元を下げることになった大きな出来事としては、世界大戦や世界紛争が挙げられます。宇宙の大元から見ても、高次元の星々には争いそのものがありませんから、地球の人類が次元上昇して、戦争や紛争のない世界で生きていくことが望ましいのです。

今の地球人は、「これが人間としてあるべき姿であって、なるべき姿だ、そうでなければ正義ではない、悪い人間だ」と、世間やメディアなどによって流される情報に誘導されていて、この集合意識に飲み込まれている自分を、本当の自分だと思い込まされています。その中で、常識と固定観念によって、正義感が生まれています。

戦争は悪である、戦争をなくそう、と、デモや抗議行動を起こしている人たちは、不安や恐怖に煽られて、こうした集合意識によって突き動かされているため、たとえ、正論であったとしても、大宇宙の観点で言うと、それはネガティブな「1」の意識エネルギーの集まりであり、新たな争いのきっかけになる可能性もあります。

こうした行動が問題なのは、そこに参加している人々が、自分が善だと考えているもの以外を悪と決めつけて、相手側を排除しようとすることにあります。これでは根本的に、何も解決しないのです。それは、集合意識の中で、自分意識が洗脳されている状態で、これでは、『0と1の原則』は上手く発動しません。

もし、本当に、「戦争のない、平和な世界で暮らしたい」と思うのであれば、戦争を悪だと決めつけるのではなく、戦争をする方もしない方もそれぞれに意味があり、戦争が自分に気づきや学びを与えてくれていること、戦争とはそのための存在である、と捉えて、意識を「0」にすること、意識を変えることが大切なのです。集団で集まって、抗議行動することでは、争いはなくなりません。戦争という「1」を変えられるのは、「0」の力のみ。多くの人が、この「0」という意識を持てば、一つ一つは小さな意識エネルギーでも、それぞれが共鳴し、やがて、大きな力の波になります。もし、集結するのなら、三次元で人が集まって抗議行動をするのではなく、高次元の意識エネルギーで集まる方が、ずっと効果的なのです。

これは、新型コロナウィルスのワクチン接種に反対している人たちにも、同じことが言えます。

ワクチン接種そのものは、身体にとって、決して良いものではありませんし、そうした事実を人々に正しく認識してもらい、その接種に反対することは、間違ってはいない、と私も思います。問題なのは、ワクチンを接種することを悪、接種しないことを善と決めつけて、悪と決めつけたものを、集団で排除しようとすることです。

たしかに、政府やマスコミが不安や恐怖を煽り、その集合意識で人々を統制しようとしていることや、その集合意識に人々が踊らされて、意のままに操られようとしていることに対しては、私も憤りを感じます。

私は期待していたのです。自書『至高神 大宇宙大和神の導き』（青林堂）の中で、「弥勒の振り分け」で次元上昇できるのは、地球全体の15%だとお話ししました。同書の中では、その割合を増やしていかなければならない、と言っていたにも関わらず、増えていないだけではなく、その割合が減ってきている可能性があります。それは、一連のコロナ騒動も原因の一つです。

ワクチンも、三次元的に言うと、良いものではありませんが、高次元の意識で受け止めて、愛と感謝で接種すれば、身体を悪くすることはありませんし、逆に、プラスに進化させることも可能になります。

マスク着用も同様で、マスクを着用することは、不健康ですし、身体に良いものではありません。それを、「ウィルスが怖いから」と、不安や恐怖に煽られて、政府や医師たちが言っているから、みんな着けているから、というような姿勢が良くないのです。

今の地球の次元レベルは、まだまだ低いままです。だから、私は、みなさんにお伝えしているのです。「目を醒ませ」と。

この今の状況において、人々に、高次元の情報を伝えることができるリーダーがいる集団なら、良い意識が伝播して、人々の意識は「0」になることもできるのですが、善悪という視点で、悪を排除しよう……というのでは、さらに、今の状況を変わらない方向へと進めてしまうだけです。

意識の作用反作用の法則

世の中を良い方向へと向かわせるためには、発信するリーダーの意識が変わることが必要です。人を変えるだけの強力な意識力を持った人が、それに共鳴する賛同者を集めて、「こうだ！」と推し進めていくことです。低い意識のままで、政府を変えていこうとしても、そこには、争いが生じるだけです。

低い意識のままでは、反戦デモ、反ワクチンデモ、ノーマスクデモは、段々と過激化していくことになります。はじめは、自分の主張を相手側に伝えていただけのものが、そのうちにヒートアップし、相手側も同じ状態になり、やがて、激しい争いになる、ということはありがちです。

例えば、家庭の中で、妻が夫に小言を言い始めたとします。はじめのうちは、妻も自分の言い分を相手に聞き入れてもらい、自分の不満だと思っている点を解消したいだけなのですが、夫は、「わかった、わかった」と聞き流すだけで、何も改善してくれない。その態度を見て、妻はイラッとするわけですが、そのうち腹が立って、

「どうしてしてくれないの！」と声を荒げると、夫も、「うるさいんだよ！」と言い返すようになる。それをきっかけに、大げんかが始まる……ということはよくあることです。

自分が強い力で押せば、相手側も同じだけの力で押し返してくる、これを、『意識の作用反作用の法則』と言いますが、強く、過激に主張をすれば、相手側が素直に聞き入れてくれるはずはありませんし、無理に押し通そうとすると、相手も同じ力で反発してくるのです。

すなわち、強い「1」は、別の強い「1」を創ってしまいます。反ワクチン派が、「ワクチンを打たないようにしよう」と、一人ひとりが考えていくことはいいのですが、集団になって、小さい集合意識を創っている様子などを見ていると、とても悲しい気持ちになります。

こうした行動は、とても次元の低いことで、世の中から悪いものを排除しようとしなくても、人類が進化・成長し、ワクチンもその役割を終えれば、存在する意味がなくなるため、消滅していくのです。

宇宙の法則では、ポジティブとネガティブは相対して存在しているため、片方のエネルギーが上がると、もう一方もアップします。

反戦デモや反ワクチン・ノーマスクデモが過激化すると、世間は、それに反発します。政府側も、強い権力で、それを抑え込もうとして、集合意識も同調して、ますます統制が強くなるだけです。

しかし、それを理解できていないリーダーに扇動されたデモ行動は、人類の学びを阻害しているだけのものになります。情報を発信する人が、賛同者を集めて、「こういう活動を、みんなで一緒にやっていきましょう」と始めたとしても、この情報を発信する人が、自分以外の他者を変えるほどに意識が高くなければ、ただの烏合の衆となってしまいます。だから、人類は、学ぶことができなくなってきているのです。

お互いに学び合って、お互いに感謝し合わなければいけない、と発信ができるリーダーが必要なのです。他者を変えることができる強力な「0」力を持つリーダーこそが、人類に『0と1の法則』を学ばせることができるでしょう。

「0」化への潜在能力

地球には多くの国がありますが、その中で、「1」で埋め尽くされた人類を「0」化する潜在能力が一番高いのが日本です。日本人は、このことを誇りに思っていいのです。「自分達はすごい。元々、宇宙と繋がる能力を持っている」と。誇りとは、宇宙の叡智と繋がること。誇りを持てないのは、宇宙の叡智が持てないのと同じです。今の日本に、「日本を素晴らしい国だ」と感じている人がどれほどいるだろうか。残念なことに、今はほとんどいない、というのが現状です。

イギリスと日本は、元々、宇宙と繋がっている二大国家でした。しかし、日本は、第二次世界大戦で敗戦国となったため、アメリカに精神性をすべて葬られて、誇りを踏み躙《にじ》られて、そして、忘れてしまったのです。

もし、そのことを、日本人が思い出し、再び、宇宙と繋がることができたのなら、日本は人類を「0」化へと導くためのリーダーとなれます。日本から世界が変わっていく、ということです。

しかし、今の日本人のように「戦争が、ウィルスが……」と言っているうちは、まだ、日本は本来高いはずの「0」化能力は最低レベルのままなのです。そして、自分の国だけが良くなれば、あとの国のことはどうでもいい、と考えているのは、今の地球では、どの国も同じですが、これは強力なネガティブの「1」です。これでは、地球、そして、地球人は次元上昇していくことができません。このネガティブの「1」を「0」に変えていかなければならない。お互いがお互いを尊重し、その存在を認め合うことで、それぞれの国の「0」力が上がっていくはずですが、今は、国家間の干渉が強すぎるのです。

日本は、第二次世界大戦以降、先進国への道を歩き始めましたが、それにより、欧米諸国のものを多く日本に引き入れることになりました。資源も食物もライフスタイルも、そして、集合意識も……。これが、日本人の意識が弱体化している一因でもありますが、他国、特にアメリカに依存し過ぎて、他国からの干渉なくして、国が成立しない状況に陥ってしまっています。本来は、人類のリーダーとなるべき素質を持っているにも関わらず、政治家や官僚たちがそのことをわかっていないから、日本は、次元の低い政権国家に成り下がってしまったのです。欧米諸国の集合意識に操られ、統制されている、それが日本という国なのです。

これからの弥勒の世では、日本だけで成り立つような国に変えていかなければ、日本人の素質が目醒めることはありません。

そのためには、まず、意識を変えること、そして、行動を変えていけば、再び日本がリーダーになるための活路が開けてきます。個の独立、日本の本当の意味での独立が、日本そして世界の人々を、「0」化へと導く鍵となります。

そのためには、諸外国の言いなりにならないこと。これは、江戸時代のように、国を閉鎖し、三次元的に鎖国をするということではなく、魂意識を独立させるために、魂の鎖国をするのです。高次元の鎖国が、今、必要なのです。人々が、自分の人生を、穏やかに幸福に生きられるようにするためには、日本の国だけで成立する国家を創っていかなければなりません。

自分が生きる、という本質を知る

日本という国は、アメリカナイズされて、衣食住、すべての面で便利になり過ぎたのです。その生活を手放すことができないから、欧米諸国に依存する。それが、他国からの干渉を断ち切れない原因でもあり、魂意識が「0」に戻れなくなってしまっている状況にも繋がっています。

ある程度、人生でやることをやったら、誰もいないような山奥に行き、自然の中で生きることをするのも一つです。眠りたい時に眠って、食べたい時に食べて、『アナスタシア』※の主人公のような自然とともに生きる、という生き方に変えることで、意識が変わっていきます。

人は、自然に生きることができなくなってしまっている。今こそ、便利さを捨てて、もっと、不便に生きていくことが、魂の進化・成長には必要なことなのです。

本来、人は宇宙と繋がっていくと、利便性というものを求めなくなっていきます。「1」を多く持っている人が利便性を求め、利便性をよくするために様々なものを作り出しているのです。「0」の割合が多い人は、その割合が高ければ高いほど、そうした利便性を求めなくなります。そして、かえって不便で何もない方を、居心地良く感じていきます。

しかし、人は、一度利便性というものを手に入れてしまったために、難しい面があり、利便性から脱却することが怖くて、便利な生活というものを手放せなくなってしまっているのです。本来の魂意識は、少しぐらい不便であることを、本当は求めています。そして、本当に必要なものだけを、必要な時と場所で生み出し、それをお互いに交換して成り立っていく状態が、一番宇宙と繋がりやすくなります。

今の地球のように、大量生産して、みんなが同じものを手に取り、同じように考え、行動する。これでは、ますます宇宙と繋がることはできないのです。個の強化、というものは大量生産とは逆の考え方で、大量生産というものは個の消失。レムリア文明の個の強化、独立と融合とは逆の考え方なのです。

※ロシアの実体験記本の中に出てくる、人間よりもはるかにエネルギーの高い高次元存在の女性

便利になり過ぎた生活を、一度、「0」にリセットしてみる。例えば、山の中に、食べ物もスマートフォンも、いわゆる便利グッズも、何も持たずに籠ってみる。何もないところに自分を置いてみると、生命というものが何であるのか、ということが体験できます。死ぬかもしれない、そんな状況に身をおかないと、人は、生命の本質を知ることができないのではないか、と私は思います。極限の状態に身を置くことで、大事なものが見えてくるはずです。

そうすれば、今の生活の中で、不必要な便利さを手放すことができます。こうした便利さを手放すことをみんなが行っていけば、欧米諸国に頼らずに生きていける生活へと変わります。それは、国が他国からの干渉を受けずに成立していけることにも繋がっていきます。

今の社会を変えたい、と望むのなら、まずは自分の暮らしを見つめ直して、自分が生きる、という本質を知ることです。そして、自分の意識を改め、自分自身を変えていくことです。そうすることが、再び、日本が、真の意味での地球のリーダーとして、地球を変えることに繋がっていくはずです。

家族という形態

もう一つ、日本人に言いたいことは、自分の家族だけに意識を向けてきた、ということです。自分の家族だけを守り過ぎている、と私は感じています。これはメディアにも問題がありますが、妻のため、夫のために生きること、子どものため、親のために生きることは素晴らしい、と思わされているのです。

地球では、家族という形態がありますが、これは地球次元特有のものであって、高次元宇宙の星文明には、家族という形態は存在しません。みんなが、一つの共同体の中で、それぞれの個の存在を尊重し合いながら、生活をしています。

地球人は、家族という「1」を持つことで、制限され、不自由さを与えられることになります。しかし、それは、三次元の物理的な制限を設けて、家族という場で、魂の自由を学ぶためのもの。人が進化・成長するためには必要なことであり、そのために、家族という形態を持たされているのであって、家族とは、宇宙的には、課題の形態だと知ることが大切です。自分を学ばせる家族という存在を大切にすることは、自分を大切にすることになり、それはとても重要なことです。しかし、その形態にこだわり、自分の家族「だけ」が大切だ、として、他の家族はそうではない、としてしまうことは、これが様々なデモに参加する人々のように、「自分が考えていることは善で、それ以外は悪。悪は排除しなければならない」ということになり、争いの原因を作り出してしまいます。

そして、もう一つ問題なのは、家族を大事に「し過ぎる」ことです。高次元の宇宙では、それぞれの個というものを大切にしています。その個はそれぞれが自立し、それをお互いに尊重し、交流しているわけですが、地球人は、子どものために自分の時間を犠牲にする、親の介護のために、自分の生活を犠牲にする……家族のために、自己を犠牲にすることが、家族を大切にすることだと勘違いしているのです。まずは、個を大切にしなければ、それぞれのあるべき個は成り立ちません。自己を犠牲にすることが、家族を大切にすることではないのです。

この、家族を大切にし過ぎる、ということは、地球人の死生観が影響しています。

最期は大切な家族に見守られて死んでいきたい、そのためには、家族を大切にしておかないと、誰も自分を看取ってくれる人がいなくなる、他の家族の人をいくら大切にしても、自分を看取ってくれるわけではない、と考えているからです。

そもそも、死というものは、地球に生まれてくる時に纏《まと》った身体が滅びるだけのことで、その魂は、また、宇宙の「0」へと戻っていきます。魂は、その存在を宇宙の意思によって抹殺されない限り、永遠に生き続けるもので、魂に死はありません。この宇宙的抹殺の方が、地球人の死より恐ろしいものなのです。地球上での死を迎えた時、その魂は、すでに身体の中から抜け出していますから、抜け殻に向かって涙を流しても、宇宙的には、そこにはあまり意味がないのです。

誰かに看取ってもらって、最期の時を迎えたい、という死生観を根本的に変えていかなければなりません。

家族やパートナーもプラスの要因

宇宙には、家族という形態を持つ星は、地球の他に存在しません。そもそも、ほとんどの宇宙生命体は、身体を持っていないエネルギー体であるため、身体的に男女があるわけではなく、男性性、女性性というエネルギー性質であり、それぞれのエネルギー体の中で、その両方を合わせ持った存在です。そして、魂意識が地球人として生まれる時に、高次元の星社会で男性性のエネルギーが高かったものは女性に、女性性が高かったものは男性となるのです。

これは、地球というのは、学ぶための、もがく星であるため、男性性エネルギーは女性性エネルギーのことを、女性性エネルギーは男性性エネルギーのことを学ぶために、反対の性「1」として生まれてくるわけです。自著『宇宙マスター神「アソビノオオカミ」の秘教』(青林堂)でお話ししたように、今、地球のエネルギーが上がってきているため、男性と女性を融合した中性の存在、つまり、身体的には男性でも女性性を持つ人、女性でも男性性を持つ人も増えてきています。同性婚などの議論がありますが、結婚も、地球上のシステムであって、宇宙的に見れば、ただの学びの形態なのです。

シリウス星文明も、家族形態だけでなく、結婚という形態もありません。子どもを生み出す能力はあっても、親が自分の子どもを育てるわけではなく、社会全体で子どもを見守ります。すべての存在が個であり、それぞれが独立した存在であるため、争いというものがありません。

一方、今の地球では、人は、家族という形態を持っています。結婚をするという「1」、子を産むという「1」、親が子を育てるという「1」、子が親の面倒を見るという「1」、の積み重ねで家族というものがありますから、この「1」が増える分だけ、制限されることが多くなります。

そして、地球人は、パートナーや子どもたちと、限られた、同じ空間の中で生活をしているわけですから、時間的、空間的にも制限され、その中で、自分だけの思いですべて言動してしまうと、必ず衝突が生まれます。宇宙にある、他の星々のように、自分だけであれば、穏やかで平和に過ごすことができますが、そこに他の存在が入り込んでくると、自分だけの穏やかな状況が乱されてしまうものです。

しかし、地球においては、パートナーや子どもをはじめ、友人や仕事関係の人たちなど、それが衝突したり、穏やかな状況を壊したりする存在であったとしても、最終的には、排除すべきマイナスの反発因子ではなく、自分の魂にとって、プラスになる気づきや学びを与えてくれる、自分にとって必要な存在です。

これからの弥勒の世、弥勒次元になると、パートナーや家族、友人たちをはじめ、仕事や社会で自分に関わる、付き合いのある人たちと接点を持つことで、高次元の魂意識は、誰と、いつ、どこで、どのようなタイミングで出会い、自分の魂にとって、どのようなプラスの気づきや学びを持つことになるか、ということを無意識的にわかっているのです。

すべての体験は自分にとってはプラスになること、それは自分がパーフェクトになるためのもので、そのパーフェクトを創るためにサポートしてくれているもの……人や環境に対して、「ありがとう」と感謝すること。これが、私の言うところの「0」です。

私から学びを得ようとしている人たちは、自分が創り上げた常識と固定観念で、「愛とはこういうものだ」「感謝とはこういうものだ」と捉えがちですが、そうではありません。いつも、「愛と感謝の気持ちで……」とお伝えしていますが、私が言っている「愛と感謝」というのは、みなさんがこれまで、両親や兄弟、学校や社会で教わってきた観念とは、少し意味合いが違います。

「こうあるべき」「こうなるべき」と考えるのではなく、ただ、そこにいるだけで、そこに生きているだけでいい。ただ、自分がパーフェクトになることに関わってくれていることに、「ありがとう」なのです。

私が家にいると、妻から毎日、同じことを何度も言われますが、これは、私がそういう体験をする必要があるということです。同じことを何度も言われても変わらない私という存在は、今はまだ変わるタイミングではない、ということ。妻は、私をパーフェクトにするためにサポートしてくれている、そして、その役目を引き受けてくれている存在だと、愛と感謝で受け入れることが大切なのです。「お役目、いつもありがとう」と。

レムリアの世や高次元の星の文明では、お互いを個と認め、尊重して、愛と感謝で受け入れているので、争い事が起きないのです。

「1」をなるべく創らない状態で生きることは、すごく大切なことですが、地球社会では、それはなかなか難しい。しかし、地球に家族という形態があるのは、物理的に制限された中で、自分の魂の自由に気づき、学ぶための学習の場だからです。「夫はこうあるべき」「妻はこうあるべき」「親はこうあるべき」「子はこうあるべき」ということを、外していけば良いのです。お互いに不自由に制限し合って、お互いに学び合う場所である、という見方ができれば、心が穏やかで平和になっていきます。そのように、改めて家族を見直すと、違った自分で家族に接することができるようになります。

「0」リセットと、新しいパラレル宇宙

人は、社会に出ると、周囲の目というものをどうしても気にするものです。しか

し、それは、自分が、「社会の中でこうあるべき」「社会人としてこうあるべき」「会社ではこうあるべき」という固定観念によって、false selfが創り出した「1」でいるからです。

こういう時は、一度、「0」に戻って、「0意識」にリセットすると、周囲の目からのストレスが軽減します。「いい人でいよう」「いい社会人でいよう」とすると、意識が、「1」に固定されてしまうのです。社会や周囲の評価というのは、人を「1」にがんじがらめにしてしまいます。

「自分を変えるのが怖い」と感じても、社会の評価や周囲の評価というものを全部手放して、勇気を持って、「0」にリセットする。そして、これでいい、自分が愛おしい、と自分を讃えることです。そうすると、いつの間にか、がんじがらめになっていた「1」が解けて、「0」の自分になっていきます。

人は、常識、固定観念によって、集合意識が創ったルールにそぐわない人はダメだと思わされて、1、1、1、1、1、1、1、1……を積み重ねていきます。これを、オセロゲームとして例えると、「1」である黒を「0」である白に変えるように、次々に反転させていくと、今自分がいる社会からかけ離れていきます。しかし、これは、その人にとって、とても心地の良い状態だと私は思っています。

「0」にリセットした意識を持つ人は、新しいパラレル宇宙の新しい集合意識に出会えます。

すると、そんな自分を受け入れてくれる社会に、周りが入れ替わるのです。こうして、自分の生きる環境というものが変化するのです。自分が変わることで、新しいパラレル宇宙に飛んで、周りの環境がすべて入れ替わるわけです。

高次元の存在ほど「0」の割合が高い

宇宙の中には、高次元、中次元、そして、低次元の宇宙人が存在します。魂意識の自由度が高いほど、高次元に位置しますが、次元が高いほど、意識の中の「0」が多いのです。

地球人よりも、低次元の宇宙人の方が「0」が多く、低次元の宇宙人よりも中次元の宇宙人の方が「0」が多いのです。高次元の宇宙人は、さらに「0」が多くなります。善悪をまったく判断しない魂意識は、すべて「0」要素です。

地球、シリウス星、アルクトゥルス星、ベガ星、リラ星を見てみると、地球人よりもシリウス星文明の生命体の方が「0」が多い。そして、アルクトゥルス星、ベガ星、リラ星文明の生命体の順に多くなっていきます。

こうした、地球以外の星々は、「こうあるべき」「こうなるべき」という、地球で言うところの固定観念が少なく、統制が少ない文明であり、個の力が強いところです。

こうした高次元の宇宙人や宇宙に存在する神々は、「0」を多く持つ魂意識で、より多く「0」を持つ魂意識が「1」を多く持つ魂意識の存在を教え、導いていくことになります。

なぜなら、高次元の存在は、「1」を「0」に変える力を持っているからです。「0」をたくさん持つ魂意識が、地球人の意識を変えるために、メッセージを伝え、サポートしているのです。

魂意識の「0」化こそが、生命が生きる理由

今、私ドクタードルフィンは、55次元の存在である大宇宙大和神《おおとのちおおかみ》が発信するメッセージを、地球上のみなさんに届けていますが、これは、今までの地球にはなかった教えです。これまでは、30次元以下の神々が、地球にメッセージを送り、サポートをして、教え、導いていました。

もちろん、30次元の神々の力も強力ですが、この神々が持つ魂意識の「0」の度合いと、55次元の神である大宇宙大和神が持つ度合いは、レベルがまったく異なり、30次元の神々は「1」も少なからず持っているわけです。

そのため、この「1」を持つ30次元の神々から発せられたメッセージというものには、「こうあるべき」「こうなるべき」というものが含まれます。大宇宙大和神からのメッセージにも、「こうあるべき」「こうなるべき」というものがありますが、

それは、大宇宙大和神があえて次元を下げて、伝えています。あまりにも高すぎる次元からのメッセージは、今の地球人には、まだ理解することができないため、理解できるように次元を落として、教え、導いてくれているだけのことです。

神々の中にも、比較的に次元が低い存在がありますが、こうした神々は、魂意識の「1」の割合が多いので、地球人に対して「こうしなさい」「ああしなさい」と誘導しています。次元の低い宇宙人が地球に干渉してくるのも、これと同じ理由です。

宇宙エネルギーというものは、すべて、意識を持つ螺旋《らせん》振動です。存在として認識できないほど高いエネルギーを持つものから、低次元の身体を持つ存在まで、宇宙は意識エネルギーで溢れています。

存在として認識できるようになるのは、ある程度次元が落ちて、個となったもので、大宇宙大和神は、宇宙の中で、初めて認識できる高次元の存在で、アソビノオオカミとともに、最も「0」の多い高次元エネルギー存在として、認識されています。

宇宙自体が、「0」と「1」の意識エネルギー盤のようなもの。それを、私ドクタードルフィンが書き換え、次元上昇させ、宇宙のエネルギーを、どんどん「0」化しているのです。

宇宙に空間があるとするのは、地球人にとって都合がいいからであって、「宇宙空間は膨張している」と教えられてきました。宇宙は元々、「0」で、空間も時間も存在しません。それが、「1」となり、それが増えると、時間や空間を生じるのです。

宇宙の大元では、すべてが「0」で、時間も空間も、そして、意識も存在しません。それが「1」に変わると、意識存在として生まれ出ることになります。

つまり、すべて「0」から生まれている。その中で、「1」が存在として生まれ、この地球にやってくると、ほとんどが、「1」になってしまう。それを、楽で愉しい、独立した自分に戻していくには、どんどん0を増やしていくことが必要なのです。

みなさんは、一人ひとりが、宇宙の中では、唯一無二の存在です。そして、その究極の存在理由は、魂の意識を次元上昇させることにあります。そのためには、自分の魂意識を「0」化していく。これが、宇宙の中の生命が存在する理由なのです。

さいごに

私ドクタードルフィンが、本書で、最後に言っておきたいのは、今の地球人というのは、みんな、どうしても、「0」になりにくい生き方をしている、と言うことです。だから、生きづらいのです。

一日三回食べないといけない、こういう栄養素を摂らなければいけない、ということや、良い学校や会社に行かなければならない、夫とは、妻とはこうでなくてはならない……あげればキリがありませんが、こうしたものは、強烈なネガティブの「1」を創り出します。

そして、人は何も考えないでおこう、無になろう、とすればするほど、泥沼にはまったように、逆のことをやってしまう。これが、人の非常に難しいところです。

それでも、自分が創る「1」はまだ良い方で、他の人たちが創った「1」を乗せられることは、自分の意識エネルギーを下げるだけになります。

いろんな体験を通して、人類は、学ばなければなりません。それをせずに、これまで生きてきたために、低い次元のまま留まってしまっている。学びの必要性を啓蒙していくことが、今、とても重要です。これまで、アトランティス時代から繰返されてきた、善悪でお互いを叩き合っているだけの時代を終え、総合的に何かに気づき、何かを学んでいかなければならない、ということを、人類は知らなければなりません。

戦争が勃発すれば、何百人も何千人も、何万人も、人は死にます。人は、まず、この事実を受け入れ、この体験は、自分たちにとって、どういう意味があるのか、その真の意味を知らなければなりません。そして、体験を通して、気づき、学ぶことで、進化・成長をして、「0」になる。このことが大切なのです。

2021年に行われた「東京オリンピック2020」は、宇宙の高次元的な視点からすると、コロナ禍に見舞われた世界を打破し、良い方向へと向かわせる絶好のチャンスでした。

オリンピック＝喜び＆感動を体験する機会を宇宙から与えられたにも関わらず、日本政府が、「コロナ禍のため」という理由から、無観客や参加選手の行動規制などの様々な制限を設けて、喜びも感動も得られない、つまらないものになってしまいました。

古代のオリンピックは、元々、ゼウス神に捧げる競技祭を起源とし、魂が調和した理想的な生き方を、人々に啓蒙するためのものでした。古代オリンピックは、ローマ帝国がキリスト教を国教としたため、オリンピア信仰が禁止されたことで、終わりを告げたものの、１８９６年に復興した現代オリンピックは、スポーツを通じて人間を成長させることを目的としていたのです。つまり、オリンピックとは、無限大の可能性を秘めた「０」を創り出すための祭典だったものが、それぞれの時代の集合意識によって、その意義が大きく変わり、特に、「東京オリンピック２０２０」では、コロナ禍をさらに人々に意識づけ、良くない方向へと向かう「１」を創り出すイベントに、日本政府はしてしまったのです。これは、とても残念なことでした。

私ドクタードルフィンは、エネルギー開きにより、２０２２年1月26日に、人々の操り人形の糸を切り、弥勒ゲートを開き、その後、1月31日に、今度は、新生イブのエネルギーを開きました。新生イブの時代になったことで、地球のエネルギーは、アトランティス文明からレムリア文明のエネルギーに変わりました。これにより、人々の意識は、次元上昇していくことになるはずです。

アダムは、妻イブと共に、人類の始祖と言われている存在ですが、私ドクタードルフィンのリーディングでは、アダムは、イブを木星の惑星であるリリスに追放し、知識とテクノロジーを用い、それを、エゴで使ってしまったのです。このアダムのエネルギーが、破壊と侵略、統制を地球にもたらすことになってしまったのです。これが、今のディープステートの大元です。私がイブの封印を解いたのですが……このお話については、近々発刊される『ＮＥＯ人類創世記』に詳しく書かせてもらうことになっています。

ディープステートというのは、闇の勢力で、人類の「1」を増やそうとしています。人類が、すべて「1」で埋め尽くされて、自分の意志がない、完全な操り人形と化すことを、望んでいるのです。政治の仕組みというものも、ディープステートの意識エネルギーで創られているため、今の地球は、人類を統制し、人々を操るためのものとなっています。こうした政府によって作られた集合意識に操られることなく、自分の意志で人生を創り上げること。それこそが、人が穏やかに、幸福に生きていくための秘訣です。

新生アダムに、新生イブが持つレムリア文明の意識エネルギーを載せた、と先ほど述べましたが、それにより、これからの世の中は、女性性のエネルギーが優位になっていきます。今、日本政府では、男女共同参画社会の実現、という男女平等を掲げていますが、これは、大宇宙の平等とは、その概念が、まったく異なります。

超古代のレムリア文明では、女性が国を統治し、女王の下、男性が臣下として働いていました。女性は子どもを産み、男性が外に出て、一生懸命に働いていました。男性は体力がいる労働を行い、生活するために必要な能力を備えていき、女性は男性をサポートし、子どもを産み育てるための能力を身につけていきました。これは、元々、人類のＤＮＡに組み込まれていたもので、宇宙の摂理とも言えます。

高次元宇宙の男女平等とは、男女それぞれの存在意義を尊重し、それぞれが自立することとです。男性には男性の、女性には女性の、それぞれの特性が備わっており、その長所を最大限に生かして、短所つまり足りていない部分はお互いに補い合う、ということです。

これは大宇宙の法則です。宇宙には、お金という概念が存在しませんから、エネルギー交換のようなシステムがあり、足りないものは、それを多く持っている存在からもらい、その存在が不足しているエネルギーを自分が与えることで成立しています。男女についても同じことで、男性の足りていない部分を、女性がサポートし、女性が足りていない部分を、男性がサポートする。これは、宇宙の摂理なのです。そのように、男女が、それぞれの領域をしっかりと持っています。地球では、元々持っている特性が異なるものを、わざわざ同じステージに乗せて、同じようにやろうとするから無理があるのです。政府というものは、本当に宇宙の摂理に反することを推し進めているのです。
これからの地球の政府の役割は、人々に、「今のままで大丈夫だよ、これでいいんだよ」と伝え、自分が好きな選択をしなさい、というように、自由を与えることです。しかし、人々を統制しないと世の中は乱れてしまう……と、考える人もいるでしょう。たしかに、上手く行かなかったり、乱れたりすることはあるかもしれません。こうした時に、それを調和させることが、本来の政府の役割なのです。それを、今は、まったくできていない。高次元の宇宙から見れば、すごく低次元な社会、低次元な政府なのです。

そして、それを助長したのが、メディアです。メディアは、人類の意識を「1」にする媒介、つまり、病原体を人に伝染させる蚊やハエのような存在で、人類の可能性をどんどん小さくさせ、宇宙と繋がらせなくさせ、人類を操り人形にしてしまう存在であると言わざるを得ません。私ドクタードルフィンは、その操り人形の糸を切るための活動をしています。メディアに影響されない自分になるか、メディアの情報を鵜呑みしたまま生きていくのか……弥勒の振り分けは、すでに始まっているのです。

新型コロナウィルスにしても、オリンピックにしてもそうですが、皇族批判も、

聞くに堪えないものが多々あります。今の皇室には、真の天照大御神のエネルギー

が載っていいます。先日の令和4年4月20日の正午に、伊勢神宮内宮を開き、真の天

照大御神を本鎮座させました（このことは、近日中に出版される私の本に、詳しく

書きます）。ですから、今の皇室を批判したり、悪く捉えたりする人たちは、たぶん、

宇宙的に抹殺されてしまうのではないか、と危惧しています。地球的抹殺は、地球

的に身体がなくなるだけですが、宇宙的抹殺は、魂として、それが宇宙からなく

なってしまうことを言います。これは、奈落の底に落ちるよりも怖いことです。人

は変わらなければ、今の地球の次元にさえいられなくなり、さらに辛い人生を体験

することになるのです。

今、本当に、新しい時代が開いていますから、そこに飛び乗るだけです。今、飛

び乗るタイミングが来ています。私は、ここで、ズバリとみなさんに言います。これからの世の中で伸びる、羽ばたく人間というのは、「あいつは何者⁉」という人間です。

私ドクタードルフィンがみなさんに教える世界というのは、今の地球人レベルでは受け入れられないもの、絶対に理解できないものです。しかし、自分の理解できないものを愛しなさい、ということです。これは、「0」に入っていくのにすごく大事なことです。理解できないものを、愛と感謝で受け入れるのです。

本書の読者さんのみなさんは、今、この本を手にしている時点で、自分の人生に納得していない人がほとんどでしょう。「もっと、こうありたい」「もっと、こうなりたい」と考えていると思います。諦めてしまったら、今のままの自分で止まってしまいます。この本を読んで、今この瞬間に、変わろうじゃないですか！

過去を振り返ると、ずっと冴えない人生、自分が望む人生じゃなかった……と、思っているのかもしれませんが、『0と1の法則』を知ることで、あなたは、今、一気に書き換わることができる、方向変換することができるのです。

これからの未来を書き換えるのに、『0と1の法則』を活用してもらえたら、私ドクタードルフィンの最上の喜びと感動です。

88次元 Fa-A
ドクタードルフィン 松久 正

医師（慶応義塾大学医学部卒）、米国公認Doctor of Chiropractic（米国Palmer Collegeof Chiropractic卒）。

鎌倉ドクタードルフィン診療所院長。

超次元・超時空間松果体覚醒医学（SD-PAM）／超次元・超時空間DNAオペレーション医学（SD-DOM）創始者。

神や宇宙存在を超越する次元エネルギーを有し、予言された救世主として、人類と地球を次元上昇させ、弥勒の世を実現させる。著書多数。

ドクタードルフィン公式ホームページ　https://drdolphin.jp

0と1

宇宙で最もシンプルで最もパワフルな法則

令和4年8月8日　初版発行

著　者　松久正
発行人　蟹江幹彦
発行所　株式会社　青林堂
〒150-0002　東京都渋谷区渋谷3-7-6
電話　03-5468-7769
装　幀　TSTJ inc.
印刷所　中央精版印刷株式会社

Printed in Japan

ISBN 978-4-7926-0727-2

松久　正　著

卑弥呼と天照大御神の復活

世界リーダー・霊性邪馬台国誕生への大分・宇佐の奇跡

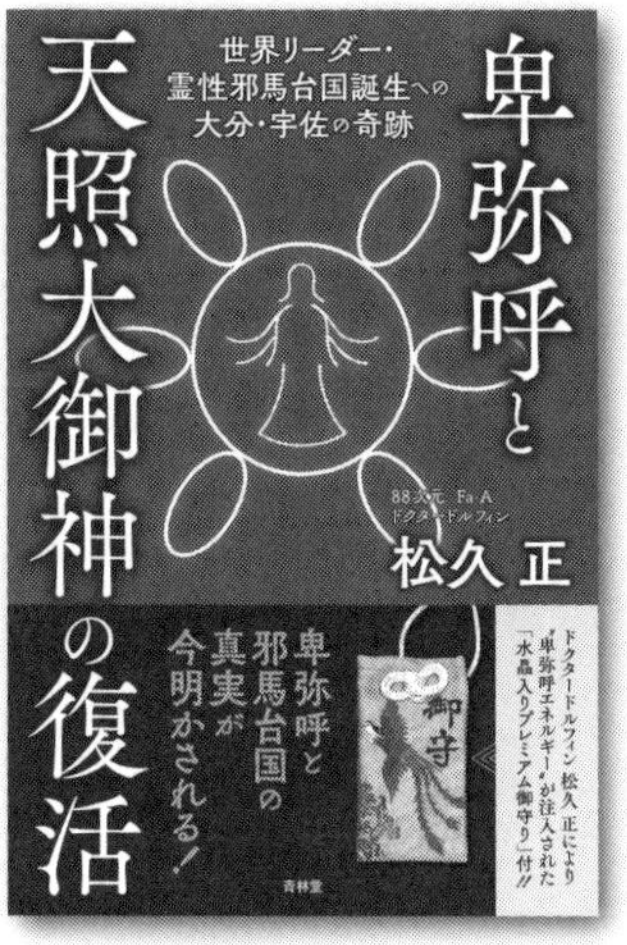

卑弥呼は 14 代まで
実在した！

大分県宇佐神宮で執り
行わられた神開き

卑弥呼とイエスキリスト
との繋がり

日本が世界のリーダー
となる日！

ドクタードルフィン 松久 正により
“ 卑弥呼エネルギー " が注入された

水晶入り
プレミアム
御守り付き

第一章　高次元から見た世壊しと世直し
第２章　統合から融合へ…
第３章　邪馬台国・卑弥呼の真実
第４章　レムリア―縄文のエネルギーが霊性・邪馬台国を開く…

本体 3,550 円／上製 180 ページ

松久　正　著

至高神
大宇宙大和神《オオトノチオオカミ》の導き

操り人形の糸が切れるとき

『ホピの予言』に込められたメッセージを現代に向けて大宇宙大和神が伝える！

不安と恐怖で操られないことが、次元上昇へのカギとなる！

松久正による大宇宙大和神パワーが込められた弥勒元年神札付！

本体 2,880 円／上製 168 ページ